「一带一路」列国人物传系　总主编◎王丽

隋唐10人传

陆海通途盛世风

唐迪　徐帮学◎主编

U0914211

華文出版社
SINO-CULTURE PRESS

图书在版编目（CIP）数据

隋唐10人传 ：陆海通途盛世风 / 唐迪，徐帮学主编.
-- 北京 ：华文出版社，2017.5（2023.6 重印）
（“一带一路”列国人物传系）
ISBN 978-7-5075-4684-2

Ⅰ. ①隋… Ⅱ. ①唐… ②徐… Ⅲ. ①历史人物－列传－中国－隋唐时代 Ⅳ. ①K820.4

中国版本图书馆CIP数据核字(2017)第081026号

隋唐 10 人传

主　　编：唐　迪　徐帮学
责任编辑：谭　笑
出版发行：华文出版社
社　　址：北京市西城区广外大街 305 号 8 区 2 号楼
邮政编码：100055
网　　址：http://www.hwcbs.cn
投稿信箱：784263235@qq.com
电　　话：总 编 室 010-58336239　发 行 部 010-58336202/58336212
　　　　　责任编辑 010-58336237
经　　销：新华书店
印　　刷：三河市嵩川印刷有限公司
开　　本：880×1230　1/32
印　　张：8.625
字　　数：139 千字
版　　次：2017年 5 月第 1 版
印　　次：2023年 6 月第 5 次印刷
标准书号：ISBN 978-7-5075-4684-2
定　　价：48.00 元

版权所有 侵权必究

“‘一带一路’列国人物传系”编辑委员会

指导单位：

中国文学艺术界联合会

中国社会科学院国家全球战略智库

编委会：

总主编： 王　丽

副主编： 唐得阳　王灵桂

委　员：（按姓氏笔画排序）

丁闻琦　丁　超　于　青　于福龙　马细谱　王成军　王　丽

王灵桂　王建沂　王春阳　王郦久　王洪起　王宪举　王　渊

文　炜　孔祥琇　石　岚　白明亮　冯玉芝　成　功　朱可人

刘　文　刘思彤　刘铨超　安国君　许文鸿　许烟华　孙钢宏

孙晓玲　苏　秦　杜荣友　李一鸣　李永全　李永庆　李垂发

李玲玲　李贵方　李润南　李嘉慧　余志和　宋　健　张　宁

张　敏　陈小明　邵诗洋　邵逸文　周由强　周　戎　周国长

庞亚楠　胡圣文　姜林晨　贺　颖　贾仁山　高子华　高宏然

唐岫敏　唐得阳　董　鹏　韩同飞　景　峰　程　稀　谢路军

翟文婧　熊友奇　鞠思佳

支持单位：

中国社会科学院俄罗斯东欧中亚研究所

北京融商一带一路法律与商事服务中心

人物画像：

吴泽浩

法律顾问：

北京德恒律师事务所

总　序

群星闪耀"一带一路"

"2100多年前，中国汉代的张骞肩负和平友好使命，两次出使中亚，开启了中国同中亚各国友好交往的大门，开辟出一条横贯东西、连接欧亚的丝绸之路。"[①]2013年9月7日，中国国家主席习近平在哈萨克斯坦纳扎尔巴耶夫大学发表演讲，以博古通今的睿智对大学生们娓娓道来丝绸之路古老而年轻的故事。

"我的家乡陕西，就位于古丝绸之路的起点。站在这里，回首历史，我仿佛听到了山间回荡的声声驼铃，看到了大漠飘飞的袅袅孤烟。这一切，让我感到十分亲切。哈萨克斯坦这片土地，是古丝绸之路经过的地方，曾经为沟通东西方文明，促进不同民族、不同文化相互交流和合作作出过重要贡献。

① 《习近平谈治国理政》，外文出版社，2014年10月第1版，第287页。

东西方使节、商队、游客、学者、工匠川流不息，沿途各国互通有无、互学互鉴，共同推动了人类文明进步。”“不同种族、不同信仰、不同文化背景的国家完全可以共享和平、共同发展。这是古丝绸之路留给我们的宝贵启示”，“为了使我们欧亚各国经济联系更加紧密、相互合作更加深入、发展空间更加广阔，我们可以用创新的合作模式，共同建设‘丝绸之路经济带’”。[①]推己及人，高瞻远瞩，引领时代，习主席在阿斯塔纳[②]通过哈萨克斯坦人民，首次向世界发出了让古老的丝路精神再次焕发青春和光彩的时代宣言。

2013年10月3日，习主席在印度尼西亚国会发表了题为《共同建设二十一世纪“海上丝绸之路”》的演讲："东南亚地区自古以来就是‘海上丝绸之路’的重要枢纽，中国愿同东盟国家加强海上合作，使用好中国政府设立的中国－东盟海上合作基金，发展好海洋合作伙伴关系，共同建设21世纪‘海上丝绸之路’”，“发挥各自优势，实现多元共生、包容共进，共同造福于本地区人民和世界各国人民”。[③]这个倡议和9月7日的演讲异曲同工、

① 《习近平谈治国理政》，外文出版社，2014年10月第1版，第287页。

② 哈萨克斯坦新首都名称。

③ 同①，第293–295页。

遥相呼应、互为映衬，完整地提出了“丝绸之路经济带”和“21世纪海上丝绸之路”的宏伟构想。

从广袤的亚欧腹地哈萨克斯坦到风光旖旎的印度尼西亚，习主席提出的“丝绸之路经济带”和“21世纪海上丝绸之路”吸引了世界各国的目光。从2013年9月至2016年8月，习近平出访37个国家（亚洲18国、欧洲9国、非洲3国、拉美4国、大洋洲3国），对“一带一路”倡议的总体框架和基本内涵做了充分阐述。和平合作、开放包容、互鉴互学、互利共赢的丝路精神，共商、共建、共享的合作理念，驱散了“去全球化”的阴霾，为增长低迷的世界经济注入新的动能。各国纷纷将本国经济发展与中国政府制定的《推动共建丝绸之路经济带和21世纪海上丝绸之路的愿景与行动》规划相衔接。“一带一路”倡导的政策沟通、设施联通、贸易畅通、资金融通、民心相通等“五通”，正在以基础设施、经贸合作、产业投资、能源资源、金融支撑、人文交流、生态环保、海洋合作等为载体和依托，在全球掀起了投资兴业、互联互通、技术创新、产能合作的新势头。2016年中国牵头成立有57个成员国加入的亚洲基础设施投资银行（AIIB），2017年3月23日迎来13个新伙伴。孟加拉配电系统升级扩容项目、印尼全国棚户区改造项目、巴基斯坦国家高速公路项目和塔吉克斯坦杜尚别至乌兹别克斯坦道路改造项目已经获得亚投行金融支持，共商共建成为现实。

“一带一路”倡议得到国际社会的热烈响应。2016 年 11 月 17 日，第 71 届联合国大会 193 个成员一致赞同，通过了第 A/71/9 号决议，欢迎“一带一路”倡议，敦促各国通过参与“一带一路”，呼吁国际社会为开展“一带一路”建设提供安全保障环境。2017 年 3 月 17 日，联合国安理会全票赞成，一致通过第 2344 号决议，呼吁国际社会凝聚援助阿富汗共识，通过“一带一路”建设等加强区域经济合作，敦促各方为“一带一路”建设提供安全保障环境。

2017 年 1 月，习近平主席在联合国日内瓦总部发表题为《共同构建人类命运共同体》的重要演讲，全面深入系统阐述人类命运共同体重大理念，在国际上引起热烈反响，受到各方普遍欢迎和高度评价。3 月 23 日，联合国人权理事会第 34 次会议通过关于“经济、社会、文化权利”和“粮食权”两个决议，决议明确表示要通过“一带一路”建设“构建人类命运共同体”。这是人类命运共同体重大理念首次载入人权理事会决议，标志着这一理念成为国际人权话语体系的重要组成部分。

“一带一路”不是中国的独角戏，是与亚、欧、非洲及世界各国共同奏响的交响乐。中国恪守联合国宪章的宗旨和原则，坚持开放合作、和谐包容、政策沟通，培育政治互信，建立合作共识，协调发展战略、促进贸易便利化及多边合作体制机制。中国携手100多个国家和地区，依托国际大通道，以陆上沿线中心城市为支撑，以重点经贸产业园区为合作平台，共同打造新亚欧大陆桥、中蒙俄、中国－中亚－西亚、中巴、孟中印缅、中国－中南半岛等国际经济合作走廊进展顺利，中欧班列在贸易畅通上动力强劲，风景亮丽；以海上重点港口为节点，共同建设通畅安全高效的运输通道，实现陆海路径的紧密关联和合作，太平洋、印度洋、大西洋上巨轮往来频繁，不亦乐乎。亚太经合组织、亚欧会议、大湄公河次区域合作等有关决议或文件，都体现了“一带一路”建设内容。丝路基金、开发性金融、供应链金融汇聚全球财富，建设绿色、健康、智慧与和平的丝绸之路，增进各国民众福祉。

“一带一路”是人类历史上从未有过的恢弘蓝图，也是横跨亚非欧连接世界各国的暖心红线。“丝绸之路经济带”包括中国经中亚、俄罗斯至欧洲（波罗的海），中国经中亚、西亚至波斯湾、地中海，中国至东南亚、南亚、印度洋；“21世纪海上丝绸之路”包括从中国沿海港口过南海到印度洋再延伸至欧洲和到南太平洋。一路驼铃声声、舟楫相望，互通有无、友好交往。

在新的时代，在创新古老丝路精神的伟大进程中，习主席专门缅怀丝路开拓者，特意致敬古丝路精神奠基人："我们的祖先在大漠戈壁上‘驰命走驿，不绝于时月’，在汪洋大海中‘云帆高张，昼夜星驰’，走在了古代世界各民族友好交往的前列。甘英、郑和、伊本·白图泰是我们熟悉的中阿交流友好使者。丝绸之路把中国的造纸术、火药、印刷术、指南针经阿拉伯地区传播到欧洲，又把阿拉伯的天文、历法、医药介绍到中国，在文明交流互鉴史上写下了重要篇章。千百年来，丝绸之路承载的和平合作、开放包容、互学互鉴、互利共赢精神薪火相传。”[①]这种吃水不忘挖井人的情怀，再次展现了中华民族不忘历史、纪念先贤、展望未来的优秀文化基因，也为中国传记文学学会参加“一带一路”建设指明了方向和道路。

在古老的丝绸之路上，我们不曾相忘：张骞出使西域到过的哈萨克斯坦，山高水长的好邻居巴基斯坦，双头鹰下横跨欧亚之国俄罗斯，草原之国蒙

① 习近平：《弘扬丝路精神，深化中阿合作》，2014年6月5日，习近平在中—阿合作论坛第六届部长级会议开幕式上的讲话，《人民日报》6月6日第1版。

古，喜马拉雅浮世天堂尼泊尔，菩提恒河保佑之国印度，文化瑰宝伊朗，首创法典之国伊拉克，红海门户之国也门，石油王国沙特阿拉伯，波斯湾明珠巴林，雪松之国黎巴嫩，海湾之秀科威特，沙漠之巅阿联酋，半岛明珠之国卡塔尔，波斯湾霍尔木兹海峡守门人阿曼，万湖之国白俄罗斯，欧亚十字路口土耳其，流着奶和蜜之地以色列，欧洲粮仓乌克兰，亚平宁半岛上的文化巅峰意大利，阿尔卑斯之巅的瑞士，玫瑰之国保加利亚，与灵魂对话的思辨之国德意志，欧洲文化殿堂法兰西，欧洲客厅比利时，郁金香之国荷兰，热情如火的西班牙，还有正在脱欧的绅士国度英国，北非金字塔之国埃及，非洲屋脊奉马蹄莲为国花的埃塞俄比亚，香草大岛之国马达加斯加，等等。

沿着海上丝绸之路，我们会领略丛林花园之国马来西亚，花园国度新加坡，千岛之国菲律宾，赤道翡翠之国印度尼西亚；沿澜沧江一路南下，我们不曾相忘澜湄泽润之国越南，千佛之国泰国，高棉的微笑之国柬埔寨，万象之都老挝，印度洋上明珠之国斯里兰卡，印度洋上的明星和钥匙毛里求斯，堆金积玉之国文莱，追求自由之国东帝汶，印度洋世外桃源马尔代夫，骑在羊背上的国家澳大利亚，上帝的后花园新西兰，等等。

“一带一路”沿线国家里，那些千百年来影响了人类与国家、民族命运并与中国曾经有过交往的古今人物，至今还能在教科书、影视剧里看到他们，还能感受到他们在一代一代年轻人身上所生发的影响和魅力。

当然，对于中国人来说，更为熟悉的是丝绸之路的开拓者。曾记否？丝绸之路开拓者中，有汉武帝和他的使节们，有首开大唐盛世的唐太宗及其无数臣民，有再续睦邻通商航海路的宋祖朝廷和无数先贤，还有金戈铁马风漫卷的元代人物，一统江山万里帆的明代人物，环球凉热自清浊的清代人物，东西碰撞溅火花的近代人物，还有经受风雨变迁、勇立海国之志的现代人物，更有丝路明珠敦煌莫高窟的守护者，卫国助邻的将军和通司中外的外交家们。当然，数风流人物，还看今朝，我们不能不浓墨重彩地讴歌那些智通商海，投身到新丝路建设中的当代人物。

耕云播雨，香火延续，智慧传承，历史再续！2100 多年的友好交往历史从未隔断，惠及三大洲的中西交通从未停歇，21 世纪的“中国梦”和“世界梦”汇成了人类命运共同体的时代和弦，响彻在“一带一路”辽阔的长空。也正因如此，2017 年 5 月，北京喜迎来自“一带一路”相关国家的元首、政府首脑、前政要、知名企业家和专家学者等各界代表，以及国际组织的负责人等千名领袖，出席"'一带一路'国际合作高峰论坛"。"千人盛会"共襄"团结互信、平等互利、包容互鉴、合作共赢"[①]之盛举，共商"沿线各国共同把蛋糕做大，一起分蛋糕"之合作共赢大计。这是中华民族和世界历史上都应该铭记的大日子。

以人物传记写作为己任的中国传记文学学会，在"一带一路"倡议实施中，肩负"讲好一带一路民心相通好故事"的使命和责任，这也是国家赋予我们的根本职责和任务。在中国文学艺术界联合会的领导下，在中国社会科学院国家全球战略智库指导下，中国传记文学学会以赤诚的家国情怀、强烈的时代精神、为人传记的责任担当，在认真调研、周密谋划、精心组织基础上，毅然决定倾注全力组织编写出版"'一带一路'列国人物传系"。此煌煌百卷传系讲述近千名各国人物故事，集数百位专家作家尽心挥毫，去冬今春，夜以继日……幸得中国出版集团公司华文出版社出版发行。于是，各位读者得以读到手中的这套活泼而不失厚重、有趣而不失学养的列国人物合传书卷。

① 习近平：《弘扬人民友谊，共创美好未来》，2013年9月7日，习近平主席在哈萨克斯坦纳扎尔巴耶夫大学的演讲。

孔子曰："仁者，人也。"让各国的先贤智者的思想光辉，照亮我们探索人类未来的道路。

传记明志，落笔为文，是为总序。

中国传记文学学会会长

"'一带一路'列国人物传系"编委会总主编

王丽 博士

2018 年 3 月 8 日

General Editor's Preface

The Belt and Road Initiative was conceived in 2013. On September 7, 2013, Chinese President Xi Jinping proposed for the first time the blueprint in a speech at Nazarbayev University during his visit to Kazakhstan:

> Over 2,100 years ago during China's Han Dynasty, a Chinese imperial envoy Zhang Qian visited Central Asia twice to open the door to friendly contacts between China and Central Asian countries as well as the transcontinental Silk Road linking East and West, Asia and Europe.
>
> Shaanxi, my home province, is right at the starting point of the ancient Silk Road. Today, as I stand here and look back into history, I could almost hear the camel bells ringing in the mountains and see the wisps of smoke rising

from the desert. It has brought me close to the place I am visiting. Sitting on the ancient Silk Road, Kazakhstan has made important contributions to the exchanges and cooperation between different nations and cultures. This land has witnessed a steady stream of envoys, caravans, travelers, scholars and artisans traveling between the East and the West. The exchanges and mutual learning thus made possible have contributed to the progress of human civilization.

... Countries with differences in race, belief and cultural background are fully capable of sharing peace and development. This is the valuable inspiration we have drawn from the ancient Silk Road.

... To forge closer economic ties, deepen cooperation and expand development opportunities between Eurasian countries, we should innovate the mode of cooperation and jointly build an "economic belt along the Silk Road". ①

Considering the interests of the world commnity, taking a broad and long view and leading the new era, in Astana, President Xi, through the people of Kazakhstan, for the first time issued a declaration to the world that the old Silk Road

---

① Xi Jinping, *The Governance of China* (Beijing: Foreign Languages Press, 2014) 287.

spirit would once again be rejuvenated and radiant.

On October 3, 2013, President Xi brought up this topic again in his address to the Indonesian Parliament under the title "Jointly Building the 21st Century Maritime Silk Road":

> Southeast Asia has since ancient times been an important hub along the ancient Maritime Silk Road. China will strengthen maritime cooperation with ASEAN countries to make good use of the China-ASEAN Maritime Cooperation Fund set up by the Chinese government and vigorously develop maritime partnership in a joint effort to build the Maritime Silk Road of the 21st century. China is ready to expand its practical cooperation with ASEAN countries across the board, supplying each other's needs and complementing each other's strengths, with a view to jointly seizing opportunities and meeting challenges for the benefit of common development and prosperity.[①]

The two talks framed the full picture of the

---

① Xi Jinping, *The Governance of China* (Beijing: Foreign Languages Press, 2014) 293-295.

conceptual “Silk Road Economic Belt” and the “21st Century Maritime Silk Road”, which are collectively referred to as “The Belt and Road Initiative”. Between September 2013 and August 2016, President Xi visited 37 countries (18 in Asia, 9 in Europe, 3 in Africa, 4 in Latin America and 3 in Oceania), giving a full exposition of the Belt and Road Initiative, from its overall framework to various details. The milieus of peaceful and all-win cooperation, financial integration, trade liberalization, and people-to-people bonds dispel the haze of anti-globalization and inject new vitality to the stagnant world economy.

The Belt and Road Initiative has been received with global enthusiasm. On November 17, 2016, all 193 member states of the United Nations unanimously passed the Resolution No. A/71/9 during the 71st Session of the United Nations General Assembly. This resolution endorsed China’s Belt and Road Initiative, encouraged UN member countries to participate in the Initiative, and urged the international community to provide a safe environment for the implementation of the Initiative.

The Belt and Road Initiative is not a solo of China, but a symphony of countries from Asia, Europe, Africa and the rest of the world. By observing the Charter of the United Nations, China adheres to openness and cooperation, harmony and inclusiveness as well as policy coordination in order to bolster mutual political trust, reach cooperation consensus, coordinate development strategies, facilitate trade, and introduce multilateral cooperation mechanisms. China has established partnerships with over 100 countries and international organizations with the goal of jointly building a new Eurasian Land Bridge and developing China–Mongolia–Russia, China–Central Asia–West Asia, China–Pakistan, Bangladesh–China–India–Burma, and China–Indochina Peninsula economic corridors by taking advantage of international transport routes, relying on core cities along the Belt and Road and using key economic industrial parks as cooperation platforms. At sea, the Initiative will focus on jointly building smooth, secure and efficient transport routes connecting major sea ports along the Belt and Road, so as to achieve a closer connection and cooperation between land and sea routes, with the Pacific, Indian and Atlantic Oceans frequented by ships and vessels. Meanwhile, the Asia-Pacific Economic Cooperation

(APEC), the Asia-Europe Meeting (ASEM), the Greater Mekong Subregion (GMS) Economic Cooperation and many other regional cooperation mechanisms have included the Belt and Road Initiative in their relevant resolutions and documents.

We shall never forget the countries along the ancient Silk Road: Kazakhstan, the country visited by the Han Dynasty imperial envoy Zhang Qian; Pakistan, China's friendly neighbor bound by mountains and rivers; Russia, a country symbolized by a double headed eagle; Mongolia, the prairie country; Nepal, the paradise on the Himalayas; India, a land blessed by the holy river Ganges; Iran, a country full of cultural treasures; Iraq, the country where the famous *Code of Hammurabi* originates from; Yemen, the gate to the Red Sea; Saudi Arabia, the kingdom of petroleum; Bahrain, the pearl of the Persian Gulf; Lebanon, a country of cedars; Kuwait, a rising star of the Persian Gulf; United Arab Emirates, a diamond on the desert; Qatar, a gem on the Arabian Peninsula; Oman, the gatekeeper of the Hormuz Strait; Byelorussia, a country with myriad lakes; Turkey, the center of the crossroads of Eurasia; Israel, a country full of milk and honey; Ukraine, the granary of Europe;

Italy, the pinnacle of culture on the Apennine Peninsula; Switzerland, a country in the Alps; Bulgaria, the land of roses; Germany, a home to great minds; France, the cultural palace of Europe; Belgium, the drawing room of Europe; the Netherlands, a garden of tulips; Spain, the land of passion; United Kingdom, the country of gentlemen which is breaking from the EU; Egypt, a country of pyramids in North Africa; Ethiopia, the roof of Africa whose national flower is Calla Lily; Madagascar, the island nation where vanilla grows, and so on.

The Maritime Silk Road links Malaysia, a country of forests and gardens; Singapore, the flowery country; the Philippines, the country of a myriad of islands; and Indonesia, the emerald of the equator. Along the Lantsang River down to the south, we will pass Vietnam, the land nourished by the Mekong River; Thailand, a country of thousands of Buddhist temples; Cambodia, the home to Khmer smiles; Laos, the land of a million elephants; Sri Lanka, a bright pearl in the India Ocean; Mauritius, the shining star and key of the Indian Ocean; Brunei, a kingdom of gold and green; East Timor, a nation of independence; Maldives, a paradise in the India Ocean; Australia, the nation riding on the sheep's back; New

Zealand, the back garden of God, and so forth.

In the countries along the Belt and Road, names of distinguished figures, ancient or modern, who have affected the destiny of mankind, who have rewritten the history of nations, and who have had contacts with China, can still be found in today's textbooks, films and TV shows. We can still feel their enduring influence and charm on generations of young people.

Of course, for the Chinese people, the pioneers of the ancient Silk Road are more familiar. Yet, those who have devoted themselves to the building of the new Silk Road equally deserve our respect. In May 2017 during the Belt and Road Forum for International Cooperation, Beijing welcomed thousands of guests from around the world, including heads of state, heads of government, former politicians, business leaders, experts, scholars, and principals of international organizations. They gathered together in the common spirit of solidarity and mutual trust, equality and mutual benefit, inclusiveness and mutual learning, and win-win cooperation, to discuss how countries along the Belt and Road can work together to make the "pie" bigger and shared by all for mutual benefit.[1] This is a big day that should be remembered as a landmark in the history of the Chinese nation and the world.

The Biography Society of China, which makes it its mission to promote biography writing, shoulders the task and responsibility of telling well the stories of friendly exchanges among people of countries along the Belt and Road. This is also the fundamental duty and task assigned to us by our nation. Therefore, through careful investigation and passionate planning, the Biography Society of China decided to publish a hundred-volume series titled *Remarkable Lives Along the Belt and Road.* This project receives support from the China Federation of Literary and Art Circles and guidance from the National Institute of International Strategy of Chinese Academy of Social Sciences. From last winter till this spring, hundreds of experts were working around the clock on the biographies of a thousand remarkable lives. Here the series is presented to you.

As Confucius said, "Humanity is of humans". Let the lights of those great minds and lives illuminate our future

---

① Xi Jinping, "Promote People-to-People Friendship and Create a Better Future" , Speech delivered at the Nazarbayev University, Kazakhstan, September 7, 2013.

path of exploration.

Comments, criticism and suggestions will all be appreciated.

Dr. Wang Li
Chairwoman:
The Biography Society of China
General Editor:
Remarkable Lives Along the Belt and Road
March 8, 2018

目　录

Contents

引　言

说起华侨，我们一定会想到一个词："唐人街"。"唐人"成了国外华侨的代名词,华侨聚居的地方也就被称为了"唐人街"。说起唐朝，那是一个让中华儿女倍感骄傲的时代，是中国历史上的一个强盛时代。

隋唐时期是世界公认的中国最强盛的时代之一，在政治、经济、文化、外交等方面都有辉煌的成就，而隋唐时的中国是当时世界上最强大的国家。隋代的"开皇之治"与唐代的"贞观之治""开元盛世"一起，成为这一时期鼎盛局面的集中体现。

隋唐时期是我国封建社会的繁荣和

统一的多民族国家的重要发展时期。从 581 年隋朝建立，到 907 年唐王朝被朱温推翻，期间总共 300 余年。隋朝的建立结束了南北朝割据的局面，全国统一，政局稳定，中央集权的政治制度更趋于完善。隋朝时期开创了三省六部制和科举制。唐朝在三省六部制和科举制逐渐完善的同时，也推动府兵制向募兵制的转变。政局的稳定、人民的安宁，促进了社会经济的发展。“贞观之治”和“开元盛世”见证了中国封建史上极少见的繁荣盛世。

1. 隋唐时期的主要政治制度

隋唐是我国封建社会的繁荣时期，各代皇帝为了加强中央集权进行了政治制度的创新和完善。三省六部制、科举制、两税法等都对国家经济文化的繁荣具有重大影响，往后各朝各代均沿袭隋唐之制。

在魏晋南北朝时期，三省制就已经初具雏形。中央辅政机构先后有尚书、中书和门下，职权分配是中书取旨，门下审议，然后由尚书执行。到隋唐时期，三省制基本确定下来，并进一步规范化、体制化，从而在中国官制史上创造了一个崭新的中央政权辅政机构。

三省六部制的实行，使三省之间相互牵制。一方面，

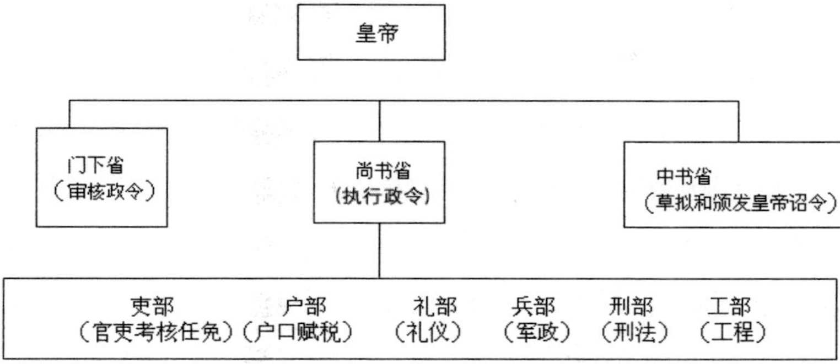

三省六部结构图

体现了决策程序的相对合理性；另一方面，也有利于皇帝控制操纵，便于皇权的加强。同时，三省六部制的实行，对隋以后所有封建王朝的官僚政治制度起到了垂范的效果。

隋朝后期，由于繁重的赋税和徭役，加上隋末的战乱，人民纷纷逃亡，大量的农民成为流民，出现了“田畴多荒”的局面。唐王朝为了巩固统治，发展封建社会经济，增加赋税收入，于武德七年（624），唐高祖（李渊）下令继续推行“均田制”和推行新的“租庸制”。

唐朝实行租庸调制，因为均田是以丁为依据，因此赋税的征收也是以丁为依据。在唐代的租庸调这一赋税制度里，不同于前代的是“输庸代役”，农民可以用绢、布代役，手工业工匠可以用钱代役（这虽始于隋朝，但真正得到全面推行的，则还是在唐朝），它使农民和手工业者能有更多的时间来从事生产劳动。同时劳动人民的负担，相比过去轻些，在一定的程度上，改善了劳动人民的处境。因此，租庸调制的实行，对当时农业生产的发展和国家财政收入的增加，都起了一定的积极作用。例如，至唐玄宗开元时期，“天下岁入之物，租钱二百余万缗。粟千九百八十余万斛，庸调绢七百四十万匹，绵百八十余万屯（六两为一屯），布千三十五万余端”（《新唐书》卷五一）。到天宝八年（749）唐王朝的赋税收入每年可达600多万贯，达到唐代发展的鼎盛时期。

唐朝的“租庸调制”前后共实行160多年的时间，直到新的赋税制度“两税法”实行后才停止。

2. 唐朝社会经济的繁荣

唐代农业的发展，首先体现在生产工具的改进和使用上。唐以前的犁，主要是直辕犁，回转困难，耕地费力。唐时创造出曲辕犁。在唐人陆龟蒙的《耒耜经》中称其江东犁，由犁镵、犁壁、犁箭、犁评等11个部件组成。优点是操纵灵活，轻便省力。犁镵锐利，犁壁呈弧形，耕地时可以减少阻力，同时把土翻在一旁，使杂草埋在下面，“以绝其根本”。犁评可进退，“进之则箭下，入土也深；退之则箭上，入土也浅”，以调节耕地深浅。直辕犁需用二牛牵引，江东犁用一牛即可。

曲辕犁

敦煌莫高窟壁画绘有唐朝用牛耕曲辕犁的图画，说明北方地区曲辕犁已普遍使用。唐时还有用于破碎土块，压平垄面，芟除杂草的耙、礳碡、砺礋等农具。水利灌溉工具，除传统的桔槔、辘轳、戽斗外，还创造了桶车、筒车和水轮等。例如，筒车形似纺车，其周围缚上竹筒，利用水力旋转，能昼夜不停地吸水灌田；水轮即水转翻车，用水的冲力代替人力，皆是灌溉工具的一大进步，工作效率大为提高。

唐政府重视兴修水利。在中央工部设水部郎中和员外郎，专管全国水利和航运。据统计，从秦到隋兴修大型水利工程共158项，而唐代修建的大型水利工程，多达250余项。当时北方着重开渠引水，南方着重排水蓄水，出现许多堤堰陂塘。武德年间，云得臣从龙门开渠引黄河水，灌溉韩城县农田6000顷。开元年间，戴谦在山西文水县引文谷水，开甘泉、荡沙、灵长、千亩四渠，溉田数千顷。这些水利工程的兴建和疏浚，对农业的发展起了重大的作用。

唐代手工业分官营和私营两种。官营手工业占主要地位，中央设有少府监、将作监和军器监等。其中少府监的织染署包括25个作坊。官营手工业中生产者的主要来源是"短番匠"。他们是政府以服徭役的形式，从民间征调的工匠，每年服役20天，如不服役，可"纳资代役"。短番匠服役期满，手艺较好的被官府留下，日给3尺绢，称为"和雇匠"。长期被"和雇"在官营作坊劳动的称"长上匠"，短期临时"和雇"的工匠称"明资匠"。属于贱民等级的官奴婢、番户、杂户是官营作坊生产者的第二大来源。官奴婢长年服役，地位低贱，经赦免后，才一免为番户，再免为杂户，三免为良人。番户服役，一年三番，杂户二年五番，每番一月。此外，还有许多刑徒在官营作坊里从事繁重艰苦的劳动。官营作坊的原料来源，除唐政府直接掌握的矿产和自然资源外，便是地方州县的"土贡"，即国家征调的地方土特产。

私营手工业的兴盛，是唐代手工业发展的重要表现。唐代私营手工业大部分是个体农民所经营的家庭副业，除纳税和家庭自用，有剩余时也拿到市场上出卖。随着社会生产的发展，唐代部分兼营农业的手工业者开始转化为个体独立的小手工业生产者。在大城市有私营手工业作坊的出现，如织锦坊、纸坊、染坊、冶坊、铜坊、酒坊等。经营这种作坊的，一般是家传技艺的师傅，有的称“师”，有的称“长老”。作坊内有若干工匠和徒弟，工匠有一定的报酬，作坊主和工匠的关系，基本上是一种雇佣关系。作坊生产的产品都投放市场进行交换或出售，属于商品生产的性质。私营手工业作坊，一般说来规模较小。有的规模相当大，如定州（今河北定州）的何明远，“资财巨万，家有绫机五百张”，雇用不少工匠。由于封建政府征调手工业者到官营作坊中轮番服役，私营手工业的发展受到严重的阻碍。

北方经过“安史之乱”和长期的军阀混战，社会生产遭到严重破坏。黄河流域地区满目荒凉，土地荒芜，而南方社会秩序比较安定，加上北方人口大量南迁，骤然增加了大批劳动力，并带去北方的先进的农业和手工业技术，从而推动了南方经济的发展。全国的经济中心逐渐由北方转移到南方。这是唐朝后期经济发展中的重要变化。

江南农田水利比较发达，开筑堰堤，疏凿湖塘，工程总量多于北方。有学者统计《通典》等40余种古文献的资料数据表明，整个唐代全国兴修大的农田水利工程255项，唐前期159项，有101项在关内、河南、河东、河北四道的北方地区。长江下游地区整个唐代兴修水利85项，其中后期修建的就达64项，而后期北方四道只修建了15项（参见田静茹：《试论唐代长江下游地区农田水利和农业生产发展特点》，《武汉交通职业学院学报》1997年第3期）。水利工程的兴修，增加了耕地和灌溉面积，提高了粮食产量，江南粮食生产已居全国的首位。大批南粮北运，据记载每年平均有200万石粮食运往洛阳和长安。

江南手工业技术进一步提高，生产的纺织品品种多，质量好，数量大。有明州的吴绫和越州的缭绫，缭绫制作工费大，据说“春花一对值千金”，被唐王朝定为贡品，也用来和回纥交换马匹；宣州（今安徽宣城）红毛毯，用丝织成，温而且柔，亦被唐王朝列为贡品，用作地衣（地毯）。

造船业集中在南方的江都（今江苏扬州）、洪州（今江西南昌）、金陵（今江苏丹徒）、嘉兴（今浙江嘉兴）等地。船舶种类很多，有一种车船，为德宗时李皋发明，“挟二轮蹈之，翔风鼓浪，疾若挂帆席，所造省易而久固”。广州造远洋海船，大船长60多米，可载客600 ~ 700人；有的载重量达八九千石，甚至万石。唐时，从印度洋到红海，都有中国制造的船只航行，因中国船最大，故有“海上霸王”之称。

3. 隋唐时期丝绸之路的进一步拓展

隋唐时期的丝绸之路，以洛阳（洛阳市老城区）为起点，可分为东、西两段。其东段从洛阳沿黄河西进，经过潼关到长安（西安市高新区），然后沿渭河继续西进，经过河西走廊到玉门关（甘肃酒泉市敦煌市小方盘城），行程约 3000 公里。其西段有 3 条路线，称为“西段北线”“西段中线”“西段南线”，均可以到达东罗马都城拂菻（土耳其伊斯坦布尔市），行程 1.2 万 ~ 1.3 万公里。

玉门关遗址

“西段北线”出玉门关后，沿西北方向到伊州（新疆哈密地区哈密市），随后一路西向，经过蒲类（新疆哈密地区巴里坤县）、庭州（新疆昌吉回族自治州吉木萨尔县）、沙钵城（新疆昌吉回族自治州阜康市）、轮台（新疆昌吉回族自治州米泉市）、张保（新疆昌吉回族自治州昌吉市）、乌宰（新疆昌吉回族自治州玛纳斯县）、黑水（新疆塔城地区乌苏市）、石漆河（新疆博尔塔拉蒙古自治州精河县）、弓月城（新疆伊犁哈萨克自治州霍城县）、碎叶（吉尔吉斯斯坦楚河州托克马克市），随后沿太湖（咸海）、里海北岸继续西进，经过萨莱（俄国阿斯特拉罕）、第比利斯（格鲁吉亚首都），随即进入土耳其东北部，然后沿黑海南岸西向经过安卡拉（土耳其首都），直到东罗马都城拂菻（土耳其伊斯坦布尔市），全程约 1.3 万公里。

“西段中线”出玉门关后，沿西北方向到高昌（新疆吐鲁番地区吐鲁番市三堡乡），随后沿天山南麓西进，经过焉耆（新疆巴音郭楞州焉耆县）、龟兹（新疆阿克苏地区库车县）、姑墨（新疆阿克苏地区阿克苏市）、疏勒镇（新疆喀什地区喀什市），随后翻越葱岭，经过塔吉克斯坦、麦什德（伊朗东北部城市马什哈德）、萨卜泽瓦尔（伊朗东北部城市）、德黑兰（伊朗首都）、哈马丹（伊朗中西部城市）、巴库拜（伊拉克东部城市巴古拜）、巴格达（伊拉克首都）、拉马迪（伊拉克中部城市）、大马士革（叙利亚首都）、阿列颇（叙利亚西北部城市）、安条克（土耳其南部城市安塔基亚）、阿达纳（土耳其南部城市）、科尼亚（土耳其中南部城市）、布尔萨（土耳其西北部城市），直到东罗马都城拂菻（土耳其伊斯坦布尔市），全程约 1.2 万公里。

“西段南线”从阳关（甘肃酒泉市阿克塞县大红山）西向，经过楼兰（新疆罗布泊）、典合城（新疆巴音郭楞州若羌县）、播仙镇（新疆巴音郭楞州且末县）、兰城镇（新疆和田地区于田县）、于阗镇（新疆和田地区和田市）、皮山（新疆和田地区皮山县）、朱俱波（新疆喀什地区叶城县），到疏勒镇（新疆喀什地区喀什市）与西段中线会合。

汉武帝时期，中国通往印度半岛的南海航线已经开通。唐王朝时期，海上丝绸之路继续延伸到西亚，以及北非、东非、西欧，中国“唐人”的盛名，由此远播海外。

唐高宗永徽二年（651），大食国（阿拉伯帝国）第三任哈里发奥斯曼首次遣使到达长安，此后直到唐德宗贞元十四年（798）的 148 年间，阿拉伯帝国先后 39 次遣使入唐。从此，大量阿拉伯商人及伊斯兰教士也纷纷来到中国，海上丝绸之路开始出现空前繁荣。可以说中国唐代的远洋航行，已经为后来郑和下西洋奠定了基础。此外，唐王朝通往朝鲜半岛和日本的东海丝绸之路，也进一步发展为 6 条航线。

一是“北线北路”：从登州港（山东烟台市蓬莱市）渡过渤海，沿辽东半岛东岸到鸭绿江口，然后溯鸭绿江北上经过临江（吉林白山市临江市），直到龙泉府（黑龙江牡丹江市宁安市渤海镇）。

二是“北线南路”：从鸭绿江口经过党项城（韩国京畿道华城郡）、唐恩浦（韩国忠清南道南洋湾），穿过济州海峡，经过对马岛、壹歧岛，直到大津浦（日本福冈市）。

三是“难波航线”：从莫讶口（山东威海市文登市张家埠港）横渡黄海，经过济州岛、对马岛、壹歧岛，到大津浦（日本福冈市），然后从筑紫（日本北九州）进入濑户内海，直到难波（日本大阪市）。

四是“南岛航线”：从扬州（江苏扬州市广陵区）东向出长江口，或者从明州（浙江宁波市鄞州区）出海，随即横渡东海，经过奄美大岛、夜久岛（屋久岛）、多弥岛（种子岛），然后沿萨摩海岸北上，经过值嘉岛（日本长崎五岛）进入濑户内海，直到难波（日本大阪市）。

五是“龙原日本道”：从龙原府（吉林延边朝鲜族自治州珲春市八连城）南下，经过毛口崴（俄国克拉斯基诺市）出海，沿朝鲜半岛东北海岸南下，从釜山（韩国釜山市）渡海，经过对马岛、壹歧岛，直到大津浦（日本福冈市）。

六是“堪察加航线”：从黑水都督府（俄国哈巴罗夫斯克市）沿黑龙江北上，经过郡利部（俄国尼古拉耶夫斯克）、窟设部（库页岛）、择捉岛、得抚岛、新知岛、温祢古丹岛、幌筵岛，直到流鬼国（堪察加半岛西南部），航程约2000公里。

随着航海事业的日益繁荣，中国沿海逐渐形成7个较大的港口。

其一是“交州港”。交州港即“比景港”，位于越南顺化市灵江口，是南海航行的必经之地，从广州航行4天可达。交州港南通南洋、印度洋，北通广东、福建，是海上丝绸之路最重要的中继站。

其二是“广州港”。广州港位于广东珠江口，唐代发展成为中国第一大港，是唐代海上丝绸之路的主要口岸。唐玄宗开元二年（714），设立广州市舶司，唐宪宗元和时期（806—820），又以岭南节度使兼任广州市舶使，进一步提高其地位，加强管理力度，履行征收“舶脚”（船税）、“阅货”（检查货物）、“收市”（收购珍宝）、“进奉”（接收礼品）、“抽解”（收取货税）等职责。唐代后期，广州港每年入港的海船达到4000余艘，当时侨居广州的阿拉伯商人、波斯商人、印度商人，及南洋各地商人曾一度达到12万余人。

其三是“泉州港”。泉州港位于福建晋江的入海口，与广州港、明州港、扬州港并称中国“四大古港”。由于侨居泉州的阿拉伯商人、波斯商人较多，因此发展成为伊斯兰教的基地。

其四是“福州港”。福州港位于福建闽江口，其开发的历史比泉州港更为悠久，唐代后期曾设置市舶司。

其五是“明州港”。明州港即“宁波港”，位于浙江奉化江、余姚江、甬江的交汇之处，也是历史悠久的天然良港。唐代中后期，由于“南岛航线”与“南航线”的开辟，明州港成为东渡日本的主要口岸。

其六是“扬州港”。扬州港位于长江与运河的交汇处，是南北方的物资集散地，也是外国商人采购珠宝、丝绸、瓷器的主要市场。唐代的扬州与成都并称“一扬二益（唐前期成都属于益州）”，是当时“富庶甲天下”之地。波斯商人、阿拉伯商人大量定居扬州，形成许多“波斯庄”“波斯邸”。

其七是“登州港”。登州港即“蓬莱港”，位于山东半岛北端，是在战国时期就已经被开辟的古港。唐代的登州港一直是沟通朝鲜半岛及日本的重要口岸，也是中国丝织品出口东北亚的北方第一大港。

隋唐时期，国家富强，社会繁荣，对外交流的官使、僧侣、学者、探险家不计其数，像经略西域的隋唐重臣裴矩；隋唐的中日友好使者裴世清；隋朝的护国靖边外交神将长孙晟；三使天竺的大唐御使王玄策；最早航海下西洋的外交使节杨良瑶；唐蕃友好的推动者文成公主；分别促进中印与中日交流的唐高僧玄奘和鉴真；旅行家杜环等。不论是唐朝官方使臣还是随员以及非官方的旅行家、僧侣等，都为隋唐的外交和丝绸之路的发展作出了非凡的贡献。

隋唐时期，凭借底蕴深厚的中华文化和强大的国力，四方来朝，诸蕃进贡，朝廷也不断派使臣诏谕于外，频繁出访建立了友好关系的国家。这从一个侧面揭示出隋唐时期政治、经济和文化的发展，登上了中国封建社会发展史上的最高峰，尤其是隋唐时期的文化是当时世界上最先进的文化。隋唐时期的科学技术处在世界的前列，诗歌创作进入了黄金时代，等等。这些辉煌的成就不仅影响到亚洲文明的发展，而且促进了西方乃至世界文明的进步。

“贞观之治”的开创者——唐太宗

唐太宗（598—649），即李世民，原籍陇西成纪，唐朝开国皇帝李渊次子，唐朝第二位皇帝，史称“唐太宗”，开创了“贞观之治”的盛世，是中国古代杰出的政治家、战略家、军事家。

少年时代的李世民足智多谋，年纪轻轻便从军，跟随其父李渊南征北战，先后平定薛仁杲、王世充等各路军阀，为唐朝的建立与国家的统一立下大功。“玄武门之变”后，李世民继承皇位为唐太宗。李世民在位期间，在朝廷上虚心听取群臣意见，知人善任，他还注重劝课农桑，注重农业生产和社会经济发展，朝廷内外呈现出一派国泰民安、社

唐太宗李世民像

会安定的繁荣景象。唐太宗还积极拓宽疆土，平定东突厥、薛延陀等部落，攻灭高昌、龟兹、吐谷浑，设立安西四镇，成功地扩大了唐朝疆域，被各族人民尊称为“天可汗”，为后来唐朝100多年的盛世奠定重要基础。唐贞观二十三年五月二十六日（649年7月10日），唐太宗李世民因病逝世，享年51岁，在位23年，庙号“太宗”，葬于昭陵。在李世民统治时期，政治清明，阶级矛盾相对缓和，社会秩序较为安定，封建经济得到迅速发展，国力强盛。因为他在位的年号是“贞观”，所以，史学家把他统治的时期称为“贞观之治”，广泛地赞誉他创造了贞观盛世，称他是我国古代杰出的封建帝王。

1. 随父起兵建唐朝

李世民是唐高祖李渊的次子。据说，有一次，李渊在岐州（今陕西凤翔）见到一位会相面的书生，这位书生见到李世民后，大加赞赏：“这个孩子有龙凤之姿，天日之表，到 20 岁的时候，一定可以济世安民的。”于是，李渊便给儿子取名为“世民”。

李渊出身于关陇集团贵族官僚家庭。李渊的祖父李虎是西魏的“八柱国”之一，为北周的建立立下了汗马功劳，死后被北周追封为唐国公。李渊的父亲李昞，北周时袭封为唐国公，曾任柱国大将军、安州总管等职。李渊 7 岁时，就袭封唐国公，后来在隋朝中央和地方历任要职。

李渊的家庭又是一个带有浓厚北方少数民族血统的家族。李渊的生母独孤氏，是隋文帝独孤皇后的姐姐。李渊的正妻窦氏和李世民的妻子长孙氏，均系北方少数民族出身。

李渊共有 22 个儿子，广为人知的有 4 个：长子建成，次子世民，三子玄霸（早亡），四子元吉。

隋末农民起义蓬勃发展之际，隋炀帝于大业十一年（615）任命李渊为山西河东抚慰大使，镇压毋端儿起义。大业十三年（617）初又任命李渊为太原留守兼晋阳宫宫监。晋阳（今山西太原），是隋朝北方的军事重镇，兵源充足，粮食储备雄厚，李渊“私喜此行”。

由于隋末农民起义发展极为迅速，当时瓦岗军围困洛阳，隋炀帝逃到江都。隋朝地方官见炀帝大势已去，纷纷起兵反隋。在这种形势下，李渊在长子建成、次子世民的劝说下，也在晋阳起兵反隋。

李渊在晋阳起兵时，李世民年仅 18 岁，但却很有政治远见。当李渊还在犹豫不决的时候，李世民劝他父亲说："今主上（指炀帝）无道，百姓困穷，晋阳域外皆为战场。大人（指李渊）苦守小节，下有寇盗，上有严刑，危亡无日。不若顺民心、兴义兵，转祸为福，此天授之时也。"李世民的这番话，对全国形势、李渊的处境和出路，分析得十分透彻。于是李渊下定决心反隋。李渊对李世民讲："今日破家亡躯亦由汝，化家为国亦由汝矣。"（《资治通鉴》）可见，"高祖起太原，非其本意，而事出太宗"（《新唐书 · 太宗本纪》）。李世民在晋阳起兵中起了重要的推进作用。

为了准备起事，李渊派建成赴河东"潜结英俊"，让世民在晋阳"密招豪友"。一切就绪后，大业十三年（617）五月，李渊杀死炀帝派来监视他的王威和高君雅，正式起兵。短短 20 天，就组成几万人的队伍。同月，李渊命建成、世民率军扫除通向关中的第一道障碍——西河。建成、世民治军严明，只带 3 天军粮，向西河进发，斩西河郡丞高德儒，平定西河，回师晋阳，往返只用了 9 天时间。李渊高兴地说："汝等如此带兵，可以横行天下。"（《旧唐书 · 高祖本纪》）

同年七月，李渊发兵 3 万，开始向关中进发，队伍沿汾水而下，在霍县为隋将宋老生所阻。当时秋雨连绵，道路泥泞，粮草供应不上，军中又谣传刘武周勾结突厥，将袭取晋阳。不少将佐因家属都在晋阳，人心惶惶。李渊准备将部队撤回晋阳，遭到李建成和李世民的坚决反对。特别是李世民，在这关键时刻向李渊分析说：眼下秋收季节“禾菽被野”，粮食供应可以就地解决；刘武周与突厥“外虽相附，内实相猜”，刘武周怕突厥“少信而贪利”，乘机占领他的老家，未必会与突厥联合进攻晋阳。他痛哭陈词，向李渊指出当前面临的局势是：“进战则克，退还则散；众散于前，敌乘于后，死亡无日。”李渊听后，醒悟过来，打消了撤军的念头。李渊先派建成率领几十个骑兵在城下挑战。宋老生一看李渊军队人少，亲自带了3万人马出城。李世民带兵居高临下从南面山头冲杀下来，把宋老生的人马冲得七零八落。宋老生想逃回城去，城池已被李渊的兵士占领。宋老生走投无路，被李渊的军士杀死。

唐高祖李渊像

李渊的军队攻下霍县后，继续向西进军，在关中农民军的配合下，渡过黄河，直扑长安。沿途各地农民军纷纷加入，李渊的队伍迅速扩大到12万人。不久，李渊的女儿平阳昭公主带领娘子军前来会合，队伍更加壮大。十一月，李渊集中20多万大军攻打长安，长安被攻克。李渊攻克长安后，为了争取民心，宣布约法十二条，把隋王朝的苛刻禁令一概废除，立炀帝的孙子杨侑为帝，尊炀帝为太上皇。李渊为大丞相，都督中外诸军事，封唐王，独掌大权。

大业十四年（618）三月江都兵变，炀帝被杀。五月，李渊逼杨侑退位。李渊即皇帝位，国号唐，定都长安。他就是唐朝的开国皇帝唐高祖。李渊建唐后，封长子建成为太子，次子世民为秦王、尚书令，四子元吉为齐王，留守太原。唐王朝正式建立。

唐朝建立后，李渊集团在周密分析全国形势的基础上，制定了统一全国的战略原则和行动方针，即巩固关中，出兵西北，进兵关东，收复江南，统一全国。

唐朝建国初期，对其威胁最大的是陇西的薛举。薛举，原是陇西土豪，曾任隋朝金城校尉。大业十三年（617）七月，拥兵自立，称西秦皇帝。太子薛仁杲善骑射，绰号“万人敌”。他们占领了陇右各县。武德元年（618）六月，薛举派兵进攻泾州（今甘肃泾县），李世民率军反击，因患疟疾，由刘文静、殷开山代为指挥。唐军大败，士卒死者十之五六，被迫撤回长安。八月，薛举病死，薛仁杲当了西秦皇帝，亲自带兵同唐军作战，唐军屡屡败北。唐高祖任命李世民为征西大元帅，负责指挥同西秦的战争。李世民率军到达前线后，养精蓄锐，坚壁不战，双方对峙达两月之久。当西秦粮食供应不上，无力再战，准备撤军时，李世民抓住战机，立即大规模反击，大败西秦军。同年十一月，薛仁杲被迫投降，唐军占领了陇右地区。

这时，盘踞在武威一带的割据势力李轨，勾结吐谷浑、突厥，实力很强。

武德二年（619），李渊集团利用李轨集团内部矛盾，支持反李轨势力发动兵变，俘获李轨。唐军兵不血刃，占领了河西，出兵西北的计划胜利完成。

正当李渊集团占领关中之际，割据马邑（今山西朔县）的刘武周勾结突厥，大举南犯，陷榆次，围并州。武德二年（619）八月，晋阳失陷，李元吉狼狈逃回长安。刘武周军队沿汾水继续南进，临汾以北城镇几乎全部落入刘武周之手。李渊和李元吉被突厥兵锋吓破了胆，竟主张“弃河东之地，谨守关西”。李世民则坚决反对。他认为，晋阳是王业基础，河东物产丰富，是关中屏障，如弃河东，关中也难以保存。他力主讨伐刘武周。李渊权衡利弊，同意了李世民的意见。

武德二年（619）十一月，李世民率军到达龙门，乘河水封冻，渡过黄河。大军集结在柏壁（今山西新

洛阳城

绛县西南），与刘武周大将宋金刚对峙。武德三年（620）四月，宋金刚粮尽退兵，李世民全力反击，三日不解甲，一日之内数次交锋，俘斩数万人。李世民收复晋阳，攻占马邑，刘武周逃到突厥被杀。由此，河东局势稳定，关中根据地得到巩固。

关中根据地巩固以后，唐王朝进攻的锋芒便指向中原其他地区。这时，瓦岗军已经瓦解，唐王朝在中原的对手是自称郑帝的河南王世充和前来支援王世充、自称夏帝的河北窦建德。

武德三年（620）七月，唐高祖派李世民统率大军进攻东都（洛阳）。李世民大军一出关，河南许多州县纷纷投降，很快就把东都包围起来。从这年秋天一直到第二年春天，唐军把东都越围越紧，日夜不停地攻城，但久攻不克。有人主张暂时退兵，李世民拒绝了，他说："现在周围州郡已经投降，洛阳成了一座孤城，迟早可以攻下，怎么能半途停下来？"接着就向将士发出命令："不攻下东都，决不退兵。"王世充只好向河北窦建德求援。

武德四年（621）二月，窦建德亲率11万大军来救援王世充，来势凶猛。李世民果断地兵分两路：一路由齐王元吉率领，继续围困东都；一路自己亲自率领，进驻虎牢关，扼守要塞，挡住窦建德的去路。夏军发起几次进攻，都没有成功。李世民却派轻骑兵抄小路，把夏军粮道切断。

窦建德认为自己兵力强大，不怕攻不下虎牢关。但李世民只是坚守。两军相持一个多月，夏军士气逐渐低落。李世民乘机出击，大败夏军。窦建德在混战中负了伤，被唐军俘虏。窦建德失败后，李世民回兵东都。王世充见大势已去，只好向唐军投降。唐朝基本上控制了黄河流域。

早在武德四年（621），唐朝廷派李孝恭和李靖率军进攻江南，平定了割据势力萧铣，迫使杜伏威归降。第二年，江西、岭南也由唐朝管辖。

唐政府俘虏了窦建德，随后又击败他的部将。武德四年（621）七月，窦建德的部将刘黑闼起兵反唐，不到半年工夫就收复了窦建德的旧地。李渊只好再次派李世民率军东征。到第二年三月，才将刘黑闼击败。李世民主力刚退，刘黑闼引突厥兵又卷土重来。李渊派太子建成前往镇压，武德六年（623）正月，刘黑闼兵败被俘。唐朝在河北、山东的统治才稳定下来。

同年秋天，杜伏威的部将辅公祐在江南起兵反唐，第二年被镇压。至此，李渊父子基本上统一了全国。

2. 发动"玄武门之变"

唐朝统一中国的战争基本结束，但是，唐朝皇室内部的矛盾却尖锐起来。

李渊的这群儿子中，李世民功劳最大：太原起兵，原是他的主意。在以后几次战斗中，他立的战功也最多。李建成战功不如李世民,但因为他是高祖的嫡长子，才被立为太子。

李世民不但有勇有谋，而且手下有一批人才。在秦王府中，文有房玄龄、杜如晦等，号称"十八学士"；武有尉迟敬德、秦叔宝、程咬金等著名勇将。太子建成自己知道威信比不上李世民，心里很不踏实，就和弟弟元吉联合，一起排挤李世民。

建成、元吉经常给高祖的一些宠妃送礼，讨好她们。李世民却不这样做，相反，他还拒绝了有些宠妃为自己亲戚谋官的请托。于是，宠妃们常常在高祖面前说太子的好话，讲秦王的不是。日久天长，高祖同李世民逐渐疏远起来。

李世民平定了东都，立了大功。建成和元吉更加忌恨，他们千方百计要除掉李世民。

有一次，建成请李世民到东宫去喝酒，喝了几盅，世民就感到肚子痛。别人把他送回秦王府,他一阵呕吐，就呕出几口血来。李世民心里明白，一定是建成在酒里下了毒，赶快请医服药，慢慢地才好了。

建成、元吉想害李世民,但又害怕世民手下的勇将，怕真得动起手来，占不到便宜，就想把这些勇将调走和收买过来。建成私下赠给尉迟敬德一车金银，尉迟敬德毫不动心，原封不动地退了回来；让高祖把程咬金放为外任，程咬金就是不动身。

长孙无忌像

建成、元吉一计不成，又生一计。那时候突厥进犯中原，建成向高祖建议，让元吉带兵北征，并请求把尉迟敬德、秦叔宝、程咬金 3 员大将和秦王府的精兵都划归元吉指挥。他们打算把这些将士调开以后，再下毒手。有人把这个秘密计划报告了李世民。李世民找长孙无忌和尉迟敬德商量，决定先发制人。

当天夜里，李世民向唐高祖告了一状，诉说太子、元吉怎样谋害他。唐高祖答应等明天一早，叫兄弟 3 人一起进宫，由他来亲自查问。

第二天，即武德九年（626）六月初四早上，李世民叫长孙无忌和尉迟敬德带一支精兵埋伏在皇宫北门的玄武门，等建成、元吉进宫。当建成、元吉走入玄武门行至临湖殿时，觉得气氛不对，立即掉转马头，打算退回东宫。这时，李世民纵马赶来，射死建成，尉迟敬德射杀元吉。

东宫和齐王府的将士听到玄武门出了事，全部出动，猛攻秦王府的兵士。李世民一面指挥将士抵抗，一面派尉迟敬德进宫。

唐高祖正在皇宫等着 3 人去朝见，尉迟敬德拿长矛气吁吁地冲进宫来，说：“太子和齐王发动叛乱，秦王已经把他们杀了，特地派我来保驾。”

高祖这才知道外头出了事，吓得不知该怎么办才好。宰相萧璃说：“建成、元吉本没什么功劳，两人妒忌秦王，施用奸计，现在既然已经被秦王消灭，陛下把国事交给秦王就没事了。”

到了这步田地，唐高祖只好宣布建成、元吉罪状，命令各府将士一律归秦王指挥。6 天以后，立秦王李世民为太子。过了两个月，唐高祖让位给秦王，自己做了太上皇。李世民即位，他就是唐太宗。

从贞观元年（627）到贞观二十三年（649），是唐太宗统治的贞观时期。贞观时期是封建社会著名的“治世”。

唐太宗即位后，经常与大臣讨论历代王朝盛衰成败的原因，特别重视从隋末农民战争中吸取隋亡的教训。唐太宗和他的大臣们认为，隋炀帝身死国亡，是由于赋役繁重，官吏贪酷，穷兵黩武，民不堪命，激起人民反抗。所以，他们经常以亡隋作教训。唐太宗认为，皇帝暴虐无道是危险的。他引用古代一位思想家的话，说君主好比是舟，百姓好比是水，水能载舟，也能覆舟。这使他在一定程度上认识到人民的伟大力量。而且，唐太宗认识到，过度地剥削压榨人民也是十分危险的。他用了一个生动的比喻，说人君过度征赋敛役，就好比“馋人自食其肉，肉尽必死”，所以“为君之道，必须先存百姓”。唐太宗还认为，历代统治者执政以后容易骄奢淫逸，安而忘危，以致重蹈覆辙。要使唐朝长治久安，就必须“居安思危”，“慎之如始”（《贞观政要》）。唐太宗的统治政策，就是以这些认识为依据制定的。

3. 开创贞观盛世

“贞观之治”的出现，和唐太宗勇于纳谏、善于用人密不可分。

唐太宗听从侍臣的劝导，认为，人君即使是“圣哲”，也应当虚己以待人，这样才能使“智者献其谋，勇者竭其力”(《资治通鉴·唐纪八》)。因此，他特别重视纳谏。

太宗即位不久，派使臣征兵。封德彝建议，中男虽未满 18 岁，身强力壮者也可以当兵。唐太宗批准了他的建议，并写好了诏令。但魏征认为不能这样做。唐太宗很生气，对他大加指责。魏征据理力争，认为这样做是竭泽而渔，毁林猎兽。唐太宗冷静下来，想了想，觉得魏征讲得有道理，就撤销了这道命令。

贞观四年（630），唐太宗打算到洛阳巡游，于是下令修洛阳乾元殿。给事中张玄素上书反对说：“目前民生凋敝，陛下这样做，是走隋炀帝老路，其弊害比隋炀帝还甚呢！”唐太宗问他：“你说我不如隋炀帝，那么，我比夏桀、商纣怎样呢？”张玄素回答：“如果这项工程不停，将来您的命运同商纣一样地可悲。”唐太宗接受了张玄素的批评，取消了这项工程。

有一次，唐太宗问魏征：“人主何为而明，何为而暗？”魏征说：“兼听则明，偏听则暗。”唐太宗很赞赏他的观点，于是采取多种措施，鼓励臣下进谏。魏征以敢于“犯颜直谏”而著名。他前后上谏达200多次。有一次，魏征在朝中同唐太宗争得面红耳赤，唐太宗想发作，又怕在大臣面前丢了自己肯听意见的好名声，只好暂时忍住了。回到内宫，他气呼呼地对长孙皇后讲：“总有一天，我要杀死这个乡巴佬。”长孙皇后问：“陛下要杀哪一个？”太宗回答：“还不是那个魏征！他总是当着众人面，说长道短，弄得我下不了台。”长孙皇后听了，一声没吭，回到内室，换了一身朝服出来，倒身便拜。太宗惊奇地问：“这是怎么了？”长孙皇后说：“主明臣直。现在魏征这样正直，说明皇上英明，这是社稷之福，当然应该庆贺。”一席话说得太宗转怒为喜，对魏征再也不记恨了，反而经常夸奖他说：“人们都说魏征举止粗鲁，现在看起来，这正是他可爱的地方。”

魏征像

公元643年，魏征病死，唐太宗很伤心。他流着泪说：

“人以铜为镜，可以正衣冠；以古为镜，可以见兴替；以人为镜，可以知得失。魏征没，朕亡一镜矣！”（《资治通鉴·唐纪十二》）直谏不易，纳谏更难。唐太宗能纳谏，实为难能可贵。

唐太宗善于用人。他说：“为政之要，惟在得人。”他经常和大臣讨论用人问题，说：“为官择人，不可造次。用一君子,则君子皆至;用一小人,则小人竞进矣。”（《资治通鉴·唐纪十》）为了广泛征求人才，他进一步完善了隋代创立的科举制。这有利于打破士族地主对仕途的垄断，扩大统治基础。他还注意从官员的政绩中发现人才。他听说景州录事参军张玄素很有才干，便亲自召见，问以治国之道。玄素对答如流，太宗便破格提拔，让他当了侍御史。当时，中郎将常何上书唐太宗，写了 20 多条建议。太宗看了十分欣赏，夸奖常何。常何说：“这是我家一个叫马周的门客写的。”太宗立即召见马周，谈了一席话，发现他是个治国人才，就让他当了监御史，后来马周还官至中书令（宰相）。

唐太宗用人的另一个特点是“内举不避亲，外举不避仇”，从各方面搜罗人才。魏征出身农民，当过道士，追随过李密、窦建德，后来又当了太子建成的谋士，曾参与策划消灭秦王李世民。太宗掌权后，不计前仇，提拔他为谏议大夫。原建成手下的王珪、薛万彻也得到重用。对此，原秦王府的一些人想不通，发了一些牢骚。太宗听到后说："朝廷设置官吏，是为了治理国家，应该选拔贤才，怎能拿过去的事做选人标准呢？如果新来的人有才能，老的没才能，就不能排斥新的，任用老的。"在他的手下，有秦王府的旧部，如房玄龄、杜如晦、长孙无忌等；也有建成的部下，如魏征、薛万彻；有降将，如尉迟敬德；也有农民起义的将领，如李勣、程咬金、秦叔宝等。对待少数民族的人才，他也一视同仁，委以重任。

唐太宗不仅重视京官，而且也重视外职的选择。他认为，都督、刺史都是亲民之官，"实理乱所系，尤须得人"。他把全国各州刺史的姓名都写在屏风上，随时记下他们的善恶事迹，以备赏罚。贞观八年（634），唐太宗还派李靖等 13 人为黜陟大使，到全国各地巡查，对有功的官员予以升迁，对贪污失职的官员加以惩罚。

房玄龄像

唐太宗进一步完善了三省六部制，加强了专制主义的中央集权。为了节省开支，提高行政效率，唐太宗注意精简机构。唐初，沿袭隋朝旧制，朝廷官员有2500多人。太宗即位后，认为任用官员主要看他是不是贤才。“若得其善者，虽少亦足矣。”他精简机构，裁撤冗员，最后确定朝廷编制为640人，对地方也采取了合并州县、缩减吏员的办法。这样，不仅提高了办事效率，而且也节省了国家大量开支。

唐太宗加强法制,限制贵族官僚恣意横行。他认为，赏与罚是国家大事，倘若被赏的人是有功之人，无功者自然后退，犯罪的人及时受到惩罚，那些作恶的人就能悬崖勒马。为了明确赏罚标准，他命长孙无忌、房玄龄制定了《贞观律》和《唐律疏议》。这是我国封建社会立法的典范，刑罚比隋律大大减轻。

法律贯彻得好坏，关键在于皇帝的态度。据《资治通鉴》记载，魏征曾诚恳劝导唐太宗：“居人上者，其身正，不令而行；其身不正，虽令不从。”如果皇帝不以身作则，臣下也难以奉公守法。唐太宗吸取隋亡教训，执法较严，违法必究，亲戚功臣、家属子女也不例外。所以贞观时期，法律执行得比较认真。“官吏有枉法者必无赦免”,贪赃者皆“置以重法”。因此,“官吏多自清谨”“制驭王公妃主之家，大姓豪猾之伍，皆畏威屏迹，无敢侵欺细人”。这对唐初封建制度的巩固，起了相当大的作用。

唐太宗认为，“为君之道，必须先存百姓”，“凡事皆需务本，国以人为本，人以衣食为本。凡营衣食，以不失时为本”。他明确认识到国以民为本的核心问题是衣食问题、生产问题。于是，唐太宗采取了“去奢省费，轻徭薄赋”“使民衣食有余”的经济政策。

唐初继续推行北魏以来的均田制，以保证土地和劳力的结合。赋役制度则有重大改革，允许农民纳绢代役，这就保证了农民不误农时。这些措施有利于生产的发展。

贞观五年（631）二月，皇太子举行冠礼，官吏要调动府兵去当仪仗队。那时，正是春耕大忙时候，唐太宗说：“农时最急，不可失也。”下令将皇太子行冠礼改在十月举行。

唐太宗即位后，下令释放宫女 3000 人，减少宫殿营建，停止官吏进贡珍宝，禁止贵族、官僚的宅第、车服和婚丧操办过分奢侈。

唐太宗多次颁布减免全国或部分地区赋役的法令，并用免除几年赋役的办法，招徕逃亡农民回归农业生产。对于长期在外流亡的人户，则采取强制办法，送回原籍生产。唐太宗还用金帛从突厥赎回被俘男女 8 万人。唐太宗招抚流亡的政策，收到良好效果。仅贞观三年（629），流亡在唐境以外的百姓回流人数和少数民族内附的人口就有 120 万之多。此外，唐太宗还注意增加户口，曾下诏奖励婚姻，地方官能使婚配及时、鳏寡减少者，给予奖励。

唐太宗还十分重视备荒和救荒。贞观二年（628），根据臣下建议，参考隋朝社仓制度，他下令州县普置义仓，专门用来备荒，不许他用。从贞观元年（627）到贞观三年（629），关东、关中各地连续发生严重的自然灾害，关中灾情最重，灾民有卖儿卖女的。唐太宗立即命令灾区开仓救济，并准许灾民到非灾区就食。628年，唐太宗还下令拿出御府金帛，赎回因灾荒而被卖掉的子女，令归还其父母。

经过武德、贞观30多年的治理，唐朝成为一个强盛的封建国家。它的版图东及大海，西逾葱岭，北过大漠，南至林邑。全国人口由唐初200多万户增加到380万户，社会经济出现初步繁荣。旧史记载："流散者咸归乡里，斗米不过三四钱"，"马牛布野"，"东至于海，南极五岭，皆外户不闭，行旅不赍粮，取给于道路"，"远夷率服，百谷丰稔，盗贼不作，内外宁静"（《贞观政要·卷十》）。这种经济上的恢复和政治上的相对稳定，就是历史上所说的"贞观之治"。

4. 壮国力四海臣服

武德、贞观之际，对唐朝威胁最大的是突厥和吐谷浑。边境地区人民经常遭到两族军队的蹂躏。贞观二年

（628）冬，唐太宗派遣李靖、李勣率军10多万人，分道出击突厥，最终俘获颉利可汗，消灭了东突厥。贞观八年（634），唐太宗调军大举进攻吐谷浑，追击1000余里。吐谷浑可汗伏允为部下所杀，其子慕容顺降唐，从而解除了吐谷浑对河西走廊的威胁。贞观十四年（640），唐太宗派遣侯君集率军远袭高昌，

松赞干布像

高昌王麹盛智被迫投降，唐以其地置西州，以其附近的可汗浮图城（今新疆吉木萨尔）置庭州。贞观二十年（646），唐军歼灭了北边的强敌薛延陀，声震漠北。2年后又击败龟兹，移安西都护府于龟兹，统辖龟兹、于阗、疏勒、碎叶四镇。在西南，战胜“松外诸蛮”，收降70余部。唐太宗这几次重大胜利，基本上消除了边患。

对少数民族，唐太宗主要是采取以恩惠抚和为主的羁縻政策。他说：“自古皆贵中华，贱夷狄，朕独爱之如一，故其种落皆依朕如父母。”（《资治通鉴·唐纪十四》）唐太宗对于依附的各族，一般不改变其生产方式、社会制度和风俗习惯，多用加封各族首领为都督、

刺史的形式，让他们继续统辖本族，在经济上基本上不征赋税，并时常给各族贵族大量赏赐。为了安定北边的各族，唐太宗还亲到2000多里外的灵州，会见各族的使者几千人，被尊奉为“天可汗”。吐蕃赞普松赞干布多次向唐求婚，唐太宗于贞观十五年（641）将宗室女文成公主嫁给他，奠定了汉藏两族友好关系。许多少数民族的人长期居住在长安，仅突厥贵族就有1万多家,不少人在唐朝担任了高级官职。据《资治通鉴》记载，当时“四夷大小君长争遣使入献见，道路不绝。每元正朝贺，常数百千人”，长安城成了各族彼此交往的中心。唐太宗这种和缓的、开明的民族政策，促进了各族的和睦与融合。

贞观二十三年（649），唐太宗病逝，享年51岁。唐太宗在中国封建历史上，是一位比较善于学习历史经验、具有开明思想和政治远识的杰出帝王。

延伸阅读

唐太宗李世民与魏征的关系

唐朝初年“贞观之治”的出现，自有其多种主客观条件，而谏诤之风的盛行，则是其中一个相当重要的因素。贞观时期，“主纳忠谏，臣进直言”，蔚然成风。这种谏风的形成，是与唐太宗李世民和宰相魏征（曾任谏议大夫、左光禄大夫）君臣之间“有同鱼水”的关系分不开的。

魏征（580—643），字玄成，唐代魏州曲城（今河北省巨鹿县）人。“玄武门之变”后，唐太宗在位时，魏征刚正不阿，直言进谏，深得太宗的喜爱。在唐太宗虚心求谏、纳谏的感召下，魏征没有辜负太宗的期望，他直言正谏，君臣协力同心，共同匡扶治理天下。

唐太宗虚心求谏、纳谏，这是有其思想基础的，那就是他有一点“自知之明”。他曾公开地对大臣们说：“朕少不学问，唯好弓马，至于起义，即有大功，既封为王，偏蒙偏爱，理道政术，都不留心。”承认自己是一个“素无学术，未闻政道”的人，现在当上了皇帝，一日万机，所有处断，“恐独见不明，致有失所”。因此，要求群臣“善相辅弼”，凡有不稳妥的地方，都应给他当面指出来（参见《旧唐书·太宗本纪》）。

唐太宗十分注重吸取隋朝迅速灭亡的历史教训，以隋为鉴，是唐太宗求谏、纳谏的重要政治原因。他说：“隋炀帝暴虐，臣下钳口，卒令不闻其过，遂至灭亡……前事不远，公等每看事有不利于人，必须极言规谏。”（《贞观政要·求谏》）这个“隋鉴”在唐太宗思想上的反映是十分强烈的，因为唐王朝的天下就是从隋炀帝手中夺过来的。唐太宗事事和隋炀帝相对照，害怕自己也走上炀帝那样国灭身亡的老路。因此“凡人言语理到”,事关“国家大法”者,他都加以采纳接受；凡“臣下有谠言直谏，可以施于政教者”，则表示“当拭目以师友待之”。但是，在封建时代，君臣之间等级森严，皇帝至高无上，要官吏们做到“犯颜忤旨”“谠言直谏”，谈何容易！唐太宗了解到这一点，因此在大臣们面前公开表示：“朕今开怀抱，纳谏诤。”为了能够听到谏诤之声，了解政教得失，他每见人奏事，总是用和颜悦色的态度去对待，以打消臣僚们的“怖惧”心理。

在唐太宗“恐人不言，导之使谏”的带动下，出现了贞观一代的谏诤之风，其中魏征可称为臣僚中直谏者的一个榜样。

在唐初，曾开展过一场“帝王之业，草创与守成孰难”的辩论。房玄龄主张草创为难，魏征则摆出种种事实,证明守成比草创更难。唐太宗听了双方意见后，发表自己的看法说：“玄龄昔从我定天下，备尝艰苦，出万死而遇一生，所以见草创之难也。魏征与我安天下，虑生骄逸之端，必践危亡之地，所以见守成之难也。今草创之难，既已往矣，守成之难者，当与公等慎之。”（《贞观政要·君道》）

诚然，对于已经取得了天下的唐太宗来说，最重要的是“守成”问题。古来帝王皆欲国祚长久，唐太宗当然也不例外。魏征认为要使王朝长治久安，关键在帝王身上。对此，唐太宗自己也是有所认识的，他说：“若安天下，必须先正其身，未有身正而影曲，上治而下乱者。朕每思伤其身者不在外物，皆由嗜欲以成其祸。若耽嗜滋味，玩悦声色，所欲既多，所损亦大，既妨政事，又扰生民。且复出一非理之言，万姓为之解体，怨讟既作，离叛亦兴。朕每思此，不敢纵逸。”（《贞观政要·君道》）但是剥削压迫、奢侈淫逸却是地主阶级的本性，作为封建皇帝的唐太宗，无论如何“英明”，也不可能摆脱他那地主阶级的本性。唐太宗的可贵之处，只是在于他能够接受历史上亡国之君，特别是隋炀帝由于暴虐纵欲，遂致灭亡的教训，努力遏制自己的“嗜欲”而不敢过分“纵逸”罢了。在这个“守成”的问题上，唐太宗和魏征等君臣之间出现了不寻常的交往关系。魏征针对唐太宗得天下后，由于长期的和平安定环境而逐渐滋长起来的讲究排场、贪图享受、滥用民力的思想和行为，不断地给他敲起警钟，提醒他应该居安思危，治不忘乱，善始慎终，使社稷永安。每遇太宗处事不当，就朝夕进谏，直到太宗觉悟，方才罢休。如太宗即位不久，欲令取中男未满 18 岁的“躯干壮大者”简点入军。魏征根据唐初“民年二十为兵，六十而免”的规定以为不可，多次不肯署理，太宗大发脾气，责问魏征：“男若实小，不点入军；若实大，是其诈妄，以式点取，于理何妨邪！如此固执，不解卿意。”魏征严肃地回答说：“臣闻竭泽而渔，非不得鱼，明年无鱼；焚林而畋，非不获兽，明年无兽。若中男以上尽点入军，租赋杂徭将何取给？”（《贞观政要·直言谏诤附典》）这一席话引起了太宗的警惕，使他认识到自己的错误，立即停取中男。贞观六年（632），唐朝出现了一派升平气象，五谷丰登，国内安定，东突厥和吐谷浑等遣使朝贡，归附于唐。君臣都纷纷称颂太宗的功德，唐太宗自己这时也有点飘飘然了，准备去泰山行“封禅”大典，“告成天地”。魏征对这一劳民伤财、徒务虚名的举动，大加反对，他打了个比方，现在国家的景况，如同“有人长患疼痛，不能任持，疗理且愈”一样，“便欲负一石米，日行百里，必不可得”。那时，唐朝建国虽然已经十多年了，但是，“自伊、洛之东，暨平海、岱，萑莽巨泽，茫茫千里，人烟断绝，鸡犬不闻，道路萧条”，社会生产并没有得到完全恢复，如果举行“封禅”大典，必然给百姓带来很大的骚扰和危害。后来，唐太宗又下令要修建洛阳飞山宫，魏征批评说，这是走隋炀帝的老路，劝太宗“拨乱反正”，多想想“隋之所以失，我之所以得”，不要“以乱易乱”。唐太宗不但接受了这些谏议，而且一再地褒奖魏征，他说：“征每

长孙皇后雕像

犯颜切谏，不许我为非，我所以重之也。”而魏征的回答是：“陛下导臣使言，臣所以敢言。若陛下不受臣言，臣亦何敢犯龙鳞，触忌讳也。”（《贞观政要·任贤》）

在唐太宗、魏征的倡导下，朝廷中出现了敢于谏诤的风气。当时，不但许多文武官员敢于直言进谏，就是皇宫深处，也有犯颜直谏者。如太宗一匹心爱的骏马无病暴死，太宗大怒，要杀养马人，长孙皇后谏阻说：“昔齐景公以马死杀人，晏子请数其罪云：‘尔养马而死，尔罪一也。使公以马杀人，百姓闻之，必怨吾君，尔罪二也。诸侯闻之，必轻吾国，尔罪三也。’公乃释罪。陛下尝读书见此事，岂忘之邪？”唐太宗听后大为醒悟，并在大臣面前赞扬“皇后庶事相启沃，极有利益尔”（《贞观政要·纳谏》）。又一次，苑西监（掌宫苑之官）穆裕因故触怒了唐太宗，太宗命于朝堂斩之，时高宗李治为皇太子，立即“犯颜进谏”，才平息了太宗的怒气。当时在场的司徒长孙无忌见此情景后说："自古太子之谏，或乘间从容而言。今陛下发天威之怒，太子申犯颜之谏，诚古今未有。”唐太宗回答说:“夫人久相与处，自然染习。自朕御天下，虚心正直，即有魏征朝夕进谏。……皇太子幼在朕膝前，每见朕心悦谏者，因染以成性，故有今日之谏耳。”（《旧唐书·刘洎传》）

以上事实说明，由于唐太宗的主动倡导和魏征的积极响应，才促进了贞观时期谏风的形成和发展，而这种良好的政治风气，又正是出现“贞观之治”的重要因素之一。

据《贞观政要》记载，唐太宗即位之初，面临着经济凋敝的重重困难，对于“政治”缺乏信心，而隋末农民起义的巨大威力，更使他“惕焉震惧”:“天子者，有道则人推而为主，无道则人弃而不用，诚可畏也”。魏征不但熟知前代盛衰兴亡的历史，而且由于他参加过瓦岗军和河北起义军，比较了解民间的疾苦和要求，看到了人民群众的巨大威力。正是在这个共同的思想认识基础上，他帮助唐太宗分析了当时的形势，调整了一系列的政策措施，提出劝课农桑、发展生产的主张，制定“去奢省费”“轻徭薄赋，选用廉吏，使民衣食有余”的治国方针。经过多年的努力，终于出现了“贞观之治”，使唐王朝成为当时世界上的头等强国。

唐太宗在晚年曾总结了自己取得成功的五条经验，他说：“自古帝王多疾胜己者，朕见人之善，若己有之。人之行能（按指品德才能），不能兼备，朕常弃其所短，取其所长。人主往往进贤则欲置诸怀，退不肖则欲推诸壑，朕见贤者则敬之，不肖者则怜之，贤不肖各得其所。人主多恶正直，阴诛显戮，无代无之，朕践阼以来，正直之士，比肩于朝，未尝黜责一人。自古皆贵中华，贱夷狄，朕独爱之如一，故其种落皆依朕如父母。此五者，朕所以成今日之功也。”（《资治通鉴·唐纪十四》）但是，唐太宗之所以能够基本上做到这五个方面，除了他主观上的努力之外，和魏征等人对他的帮助、促进是分不开的。唐太宗曾当面赞美魏征：“玉虽有美质，在于石间，不值良工琢磨，与瓦砾不别。若遇良工，即为万代之宝。朕虽无美质，为公所切磋，劳公约朕以仁义，弘朕以道德，使朕功业至此，公亦足为良工尔。”当魏征受到他人诽谤、攻击，“深惧满盈”，以目疾为理由，频频上表逊位时，太宗一再挽留，劝他为国效劳，并大力表彰他的功绩，说：“朕拔卿于仇虏之中，任公以枢要之职，见朕之非，未尝不谏。公独不见金之在矿也，何足贵哉？良冶锻而为器，便为人所宝，朕方自比于金，以卿为良匠。”《贞观政要·任贤》太宗以良工、良匠作比喻，来评价魏征对他的帮助，确是有道理的。而魏征于唐太宗在位期间“君前后谏争，凡数百条”，也确实起到了良匠的作用。当唐朝国势转盛的时候，他不但对太宗的政治经济措施多有献替，还经常提醒太宗要“居安思危”“慎终如始”，强调“守成”要比“草创”更为艰难，指出太宗“贞观初，恐人不言，导之使谏；三年以后，见人谏争，悦而从之；四年以来，不悦人谏，虽僶勉听受，而终有难色”的变化。贞观十年（636）以后，唐太宗的骄傲自满情绪有所滋长，政绩渐不如前，魏征不断地对他敲起警钟，在贞观十一年（637）的四次《论时政疏》和十三年（639）的《十渐不克终疏》中，都痛切陈辞，力谏太宗居安忘危、处治忘乱的过失。当时人评价魏征的长处是：“耻君不及尧舜，以谏争为己任。”而唐太宗之所以特别重视魏征，道理也正在于此。当贞观十七年（643）魏征去世时，唐太宗痛哭流涕，十分惋惜地说：“夫以铜为镜，可以正衣冠；以古为镜，可以知兴替；以人为镜，可以明得失。朕常保此三镜，以防己过。今魏征殂逝，遂亡一镜矣！”（《旧唐书·魏征传》）

唐太宗在魏征等人的帮助下，成为我国古代史上著名的有作为的封建帝王。当然，由于阶级和历史的限制，唐太宗和魏征两人也不是没有错误的“圣人”。

我们肯定他们的历史作用,绝不是要把他们神化。确实,人是难得有自知之明的。唐太宗为了巩固李唐王朝的统治,相对地说比较能够接纳臣下的意见,比较能够注意检查自己的过失,这在1300多年前的封建社会里,对于一个封建帝王来说,确实是难能可贵的。而魏征忠于职守,正直敢言,能为国家分忧解愁,则更是难得。从这个意义上说,研究唐太宗与魏征,对于我们今天仍有一定的现实意义。

“开元盛世”的缔造者——唐玄宗

唐玄宗（685—762），即李隆基，又称唐明皇。他是唐高宗李治和武则天的嫡孙，唐睿宗的第三子，唐朝第六位皇帝。

延和元年（712），唐玄宗受禅即位，713年改年号为“开元”。玄宗前期，政治清明，经济繁荣，对外交流和贸易发展，八方来贺，四海升平，唐朝进入鼎盛时期，史称“开元盛世”。玄宗后期，由于其贪图享乐，宠信奸臣，引发“安史之乱”，唐朝由此走向衰落。唐玄宗在位44年，至德元年（756）退位，宝应元年（762）病逝，葬于泰陵。

1. 拨乱反正，稳定局面

唐玄宗李隆基像

李隆基自幼生活在宫闱风云激荡的环境中。他是李唐皇帝的后代，而一睁眼看到的却是武周的天下。他从小就有大志，在宫中常以“阿瞒”（曹操的小名）自诩。他有皇室子弟的优越感，又对武氏子侄专横跋扈愤愤不平。7岁那一年，他例行至朝堂朝朔望。金吾大将军武懿宗对其随从高声喝叫，李隆基毫不示弱，厉声斥责他：“吾家朝堂，干汝何事？敢迫我骑从！”据说祖母武则天听到这件事，对这个孙子更加宠爱。青少年时代的李隆基天资聪颖，学习刻苦，通文史，精骑射，知音律，多才多艺。

神龙元年（705），唐中宗在张柬之等李唐旧臣的拥护下，恢复唐朝。但是，他并不信任这些李唐旧臣。他唯一信任的是韦皇后。韦皇后和武三思勾结，形成武、韦两家外戚合作的腐朽集团。这个集团驱逐张柬之等出朝廷，独占了全部政权。神龙三年（707），皇太子李重俊约集左羽林大将军李多祚等，发羽林兵300

余人除掉武三思等人。李重俊在进攻玄武门楼时由于士兵倒戈,最终被杀。韦皇后借口追究李重俊的同谋者,阴谋迫害相王李旦和太平公主。唐中宗不愿牵连到他们，二人才免了祸。这时，李旦的第三子李隆基则在暗中准备消灭韦、武集团。

景龙四年（710），韦皇后和女儿安乐公主合谋，毒杀唐中宗，准备临朝称制。李隆基抓住时机，当机立断，和太平公主合谋，发动羽林军，攻入宫中诛韦皇后、安乐公主、武延秀等。接着大举铲除韦、武集团中的人，韦家派全部被消灭，武家派也基本被消灭，最后由太平公主出面，恢复了唐睿宗的帝位。

唐睿宗也是一个昏庸无能又懦弱的君主。依靠李隆基和太平公主的力量，唐睿宗才得到帝位，故立李隆基为皇太子，允许太平公主干政。朝廷大臣奏事，他总要事先与太平公主和太子商量过后才决定。这种懦弱无能让太平公主更加专横，同时加剧了太平公主和李隆基之间的矛盾。太平公主把矛头对准李隆基，利用朝中大量的党徒把持朝政。唐睿宗在政治上无能，延和元年（712）让位给李隆基，唐玄宗即位，唐睿宗成了太上皇。先天二年（713），太平公主准备动用羽林军冲进皇宫发动变乱。不料机密泄露，唐玄宗先一步诛杀了太平公主一党人，将其余党全都黜逐出朝。自此，唐朝实权真正落入唐玄宗之手。

2. 锐意进取，创造“开元盛世”

即位的那一年，唐玄宗 28 岁，年富力强。他的皇位来之不易，面临的却是政局复杂、吏治腐败、官员冗滥、边境上战争频繁、国内土地兼并激烈、农民流亡、国家财政拮据的局面，形势十分严峻。这时的唐玄宗，严于律己，勇于纳谏，任人唯贤，关心民间疾苦，是一个锐意改革、开拓进取、励精图治，渴望有所作为的好皇帝。

唐玄宗在开元年间，任用了一批贤相，如姚崇、宋璟、韩休、张九龄等。

姚崇是有名的贤相。当时富户往往用出家做和尚的办法逃避赋役。他一次就查出 12000 多人，勒令还俗。他禁止百官和僧尼、道士往来，抑制武、韦时发展起来的寺院地主势力。御弟薛王李业的舅父王仙童侵暴百姓，他不讲情面，请玄宗批准，依法惩办。山东发生蝗灾，

姚崇像

他下令捕杀。有人说杀虫太多，要伤“和气”。他表示杀虫如有祸殃，由他一身担当。他入相之前，向玄宗敷陈十事，大意是勿贪边功，广开言路，奖擢诤臣，禁止皇亲国戚擅权，玄宗桩桩同意，从而奠定了“开元”施政的基本方针。

宋璟，刚直不阿，守法持重。有一次吏部选官，他的远房叔父宋之超也在应选之列。宋之超说明他和宋璟的关系，想谋取高官厚禄。宋璟知道后，特意关照吏部，宋之超不得入选。

韩休，十分正直，看到唐玄宗的过失，马上上书指陈得失。有一次唐玄宗照镜子闷闷不乐。左右人说韩休做宰相，陛下比前些时候瘦了，为什么还要用他？唐玄宗说：“我用韩休是为了国家”，“我虽瘦了，天下人一定肥了”（《新唐书·韩休传》）。

唐玄宗特别注意地方官的任命和选择。他确立了京官和地方高级官员定期交流的制度，让京官有才识者担任都督、刺史，都督、刺史有政绩者担任京官。

他对县令的选择也很注意。他组织县令进行考试，亲自命题，了解考生是否了解治国之道，凡考试成绩优秀者即被任用，拙劣者即被罢免。在开元四年（716）的考试中，一次就斥退45人。为了刷新吏治，他还多次颁布《诫牧宰敕》《整饬吏治诏》《劝奖县令诏》，并定期派按察使到各地巡视，观察得失。他还针对武后政权之后官员冗滥的弊端，一举裁汰官员数千人，精减了机构，节省了费用。

唐玄宗把励行法制、赏罚严明作为改善吏治的根本措施。他认为："有善必赏，所以劝能；有罪必诛，所以惩恶。"（《全唐文》）开元二十四年（736）以前，基本上贯彻了这一精神，例如：同州刺史姜师度，组织民众修通灵陂，扩展水田20万亩，唐玄宗通令嘉奖，赐帛300匹，特加封金紫光禄大夫。对那些贪赃枉法之徒，不论职位高低，都依法制裁。如刺史裴景先，私自聚敛5000匹绢，玄宗亲自下诏，将其处死。所以，开元时期吏治还是清明的。

均田制至玄宗时，已开始动摇，土地兼并之风日甚。唐玄宗颁布了详尽的均田令，重申永业田也不得典卖，限制官僚、贵族、豪强侵占民田，对侵暴百姓、强占民田者绳之以法，这多少煞住了兼并之风。唐玄宗又实行了更严谨的括户，即清查出贵族官僚地主隐瞒的人口和劳动力，使之成为均田农民。唐玄宗还十分重视兴修水利，他在位期间，全国共兴建了50多项较大的水利工程。在灾歉之年，他还注意赈灾救济，减免税粮。尽管这些是治标不治本的权宜之策，但也缓和了阶级矛盾，有利于社会的安定和生产的发展。

在开元年间的宫廷生活中，唐玄宗也能节俭自励；在文化教育上，他创立了我国古代戏曲学校和皇家戏班“梨园”；他还命天文学家高僧一行测量子午线和编制历法，组织学者整理古代图书等。

开元时期，唐玄宗在文治上成绩斐然，武功上也赫赫可铭。面对武后执政末年以来边疆的紧张局势，他积极训兵整武，屯田积谷，大大提高了军队战斗力。后于开元三年（715）重建安北都护府、漠北诸部，拔也古、同罗、回纥等部族都通使称臣。开元五年（717）唐军收复了沦陷已久的营州等12州，重建营州都督府，奚、契丹一时归服。开元二十七年（739），收复了武后末年沦陷的西域重镇碎叶，丝绸之路再次畅通。对周边少数民族首领，他用册封的手段加以笼络。如册封回纥首领骨力裴罗为怀仁可汗；册封粟末靺鞨首领大祚荣为渤海都督府都督，加封渤海郡王；封南诏首领皮罗阁为云南王，加强了民族融合，促进了我国多民族封建国家的发展。

杜甫像

开元年间唐

玄宗的文治武功，促成了比较稳定的政治局面，劳动人民得以安心从事生产，封建经济高度繁荣。史籍记载："开元、天宝之中，耕者益力，四海之内，高山绝壑，耒耜皆满。"（唐·元结：《元次山集》）"诗圣"杜甫也热情讴歌这时社会经济的繁荣："忆昔开元全盛日，小邑犹藏万家室。稻米流脂粟米白，公私仓廪俱丰实。"（杜甫：《忆昔二首》）据记载，当时天下一斗谷物之价，多则一二十文，少则数文；绢一匹二百余文；全国各地驿道四通八达，商旅往来络绎不绝。在太宗、武后治理的基础上，经过开元年间玄宗君臣上下齐心的治理和劳动人民的辛勤劳动，封建经济呈现出高度繁荣。这就是史学家们津津乐道的"开元盛世"。

3. 后期"安史之乱"的爆发

唐玄宗在位时间很长，到天宝元年（742），已做了 30 年皇帝。他年龄大了，志得意满，只想纵情声色，政治上开始走下坡路。

以前，他对大臣的直谏，"虽不合意，亦曲从之"。现在，他再听不进逆耳忠言了。宰相张九龄遇事力争，玄宗蛮横地说："事情都得照你说的去办才行吗？"开元二十四年（736），张九龄被罢相，李林甫做中书令。李林甫被重用，靠的是迎合玄宗的心意。他收买宦官、嫔妃，打听玄宗动静，所以能了解他的心意。一个罢相，一个上台，从此，“容身保位，无复直言”的风气统治了朝廷。

李林甫警告谏官不要议论朝政。有个谏官没听，仍然上书论事，第二天，便被降级外调。朝廷官员中不依附他的，但凡有点才能的，多遭阴谋陷害，因此，人们说他“口有蜜，腹有剑”。天宝六年（747）玄宗命各地举荐人才，李林甫主持考试，一个不取。事后上表玄宗说：“天子圣明，野无遗贤。”就是这样一个奸佞小人，唐玄宗让他为相十几年，直到他死去。

唐玄宗原先宠爱武惠妃。武惠妃逝去，他很伤心。后宫数千人，无一人中意。有人告诉他，他的儿媳寿王妃杨玉环异常美丽。他看后十分满意，便指使杨玉环以修道为名，从寿王身边离去，进入道宫，做了女道士，道号“太真”，然后唐玄宗再把这位“道姑”悄悄接到宫中。天宝四年（745）册立杨玉环为贵妃。

唐玄宗是一个多才多艺“尤知音律的君主”，而杨玉环又“资质丰艳”“善容止”，而且善歌舞，通音律，并善解人意。所以杨玉环“三千宠爱集一身”。贵妃要洗温泉澡，玄宗给她修了华清池；贵妃喜欢吃鲜荔枝，玄宗就命岭南驰驿传递。贵妃得宠，杨氏兄妹均飞黄腾达。她的 3 个姐姐分别被封为韩国夫人、秦国夫人、虢国夫人，其堂兄杨国忠，是个无赖，目不识丁，却继李林甫为宰相。他兼领 40 余职，因善于搜刮，得到玄宗宠爱。他家中存的高级丝织品竟有3000万匹，生活极为腐化。杨国忠讲："想来我也不会有什么好名声，还不如快快活活过几天。"（五代·王仁裕：《开元天宝遗事》）

唐朝从高宗以来，边疆一直有重兵屯戍。到玄宗统治前期，为了加强边境防御，又在边境重要地区增设军镇。军镇管辖几个州，主将叫节度使。节度使起初只管军事，后来兼管行政和财政，权力很大。天宝初年，边境的10个节度使共拥兵49万，而唐中央禁军不过12万，而且缺乏训练，形成内轻外重的局面。

那时候，一身兼任平卢、范阳、河东三镇节度使的安禄山，拥兵15万，势力雄厚。安禄山的父亲是西域人，母亲是突厥人。他几次入长安，朝见唐玄宗，用贡献财物和献媚等方式取得唐玄宗的信任。他身材肥胖，肚子滚圆，

杨贵妃像

玄宗开玩笑说：“此儿腹中有何东西，大到这个地步。”禄山回答：“只有忠于陛下的一颗赤心。”玄宗听了十分高兴。安禄山又拜杨玉环为干娘，玄宗更把他当成自己人。

安禄山看到唐朝政治腐败，内地兵力空虚，认为有机可乘，阴谋叛乱，夺取唐朝天下。他在暗中招兵买马，囤积粮草，准备反叛。他用胡将代替汉将，并任用一些失意的汉族文人为他策划。

天宝十四年（755）冬，安禄山带领15万军队，以讨杨国忠为名，从范阳起兵，很快攻陷了河北，占领东都（洛阳）。安禄山自称大燕皇帝。又过了几个月，叛军击溃了唐朝的潼关守军20万人，继续西进。

潼关失守，长安顿时乱作一团。唐玄宗带领皇族亲贵、官僚，仓皇向四川逃窜。行至马嵬驿，将士鼓噪不前，要求杀死祸国殃民的杨国忠，并要求惩办杨贵妃。玄宗无可奈何，派人缢杀杨贵妃，继续向四川逃奔。

至德元年（756），其子李亨即位，唐玄宗逊位，被尊为太上皇，宝应元年（762），玄宗病逝。

4. 对外开放的进一步扩大

唐玄宗时期，人口明显增多，经济空前繁荣，是独步于世界民族之林的。与汉代相比，唐朝版图进一步扩大；大运河的开通更加增强了黄河流域与长江流域的联系，促进了全国经济的增长。

唐玄宗实行对外开放的政策，与日本、朝鲜及西亚各国的交往日益频繁，唐都长安成为亚洲各国的经济文化中心，在吸取外国长处的基础上，促进了本国经济的发展。这一时期，有70多个国家向唐王朝朝贡。在《唐六典》的记载中，一一列举了开元时期前来朝贡的蕃国。这些蕃国，包括从东亚的日本、朝鲜到东南亚地区的各国，还有现今边疆少数民族行政区到中亚、西亚乃至地中海地区的一些国家。这些国家在来访的同时也与唐朝中央政府建立了一种朝贡的政治关系。此时期的长安、扬州、广州等城市，到处都有从海上丝绸之路来的胡商蕃客，这也促进了中国与其他国家在政治、经济、文化各方面的交流沟通。

由此，亚洲各国掀起了一股派留学生来中国学习的热潮。在西安发现了井真成的墓志，他是开元年间来华留学的日本留学生；还有与李白有深交的日本留唐学生；同时也有不少外国人在唐朝廷任职做官。

禅宗是佛教中国化的典型代表，在玄宗在位的40多年时间里，禅宗迅速崛起，儒佛道合流成为历史的主旋律。袄教、景教、摩尼教就是所谓的三夷教，在华也得到了传播。正是这样开放的社会，唐朝的社会风气显得雍容大度，李白“天生我材必有用，千金散尽还复来”的著名诗句，就是充分体现那个繁荣富足的时代的精神写照。

延伸阅读

隋唐时期的道路交通

隋唐时期，经济发展空前繁荣，这与隋唐时期便利的交通是分不开的，其交通的繁荣更是其他朝代无法比拟的。古代的交通运输业也在隋唐时期得到了较大的发展，主要体现在隋唐水陆交通路线、交通工具、交通制度与设施、交通文化等方面。

1. 隋朝大运河，南北变通途

隋炀帝在中国历史上是有名的昏君、暴君，但有一件颇具功德的事就是他继承父业，开凿了大运河。

隋炀帝即位后，为了巩固政权和统一的局面，进一步加强对新统一的东南地区以及东北部涿郡（今北京）的控制，采取了很多重要措施。在军事上，他在东北部的涿郡建立了军事据点，将军需物资调往北方；经济上，隋朝大量官吏和军队都集中在北方，而粮食供应需要依靠南方，这就面临南粮北运的问题。所以考虑既要将南粮北运，把江南丰富的物资转运到洛阳地区，又要将军需物资运输到北方。最佳的解决办法就是利用天然河流和旧有渠道，开凿横贯诸水、贯通南北的运河。当然，这也包含了隋炀帝怀恋江南美景，巡游江都的个人享乐愿望。

隋朝大运河的开凿最早开始于隋文帝时代。隋文帝开始修建的一段是自大兴城（即长安城）西北引渭

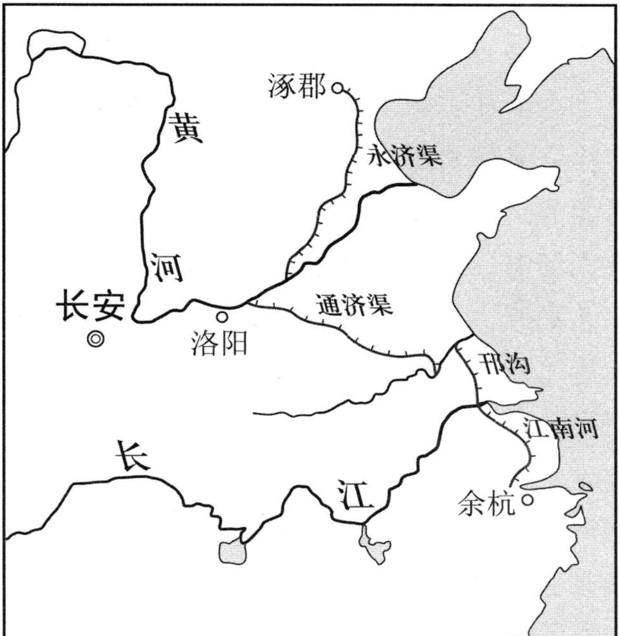

隋朝大运河图

水，至潼关的长达300里的广通渠。隋炀帝修建的大运河，工程分4段进行。大业元年（605），征调江南、淮北100多万民工，在北方修建通济渠，通济渠从洛阳西苑通到淮河边的山阳（今江苏淮安）。同年，隋炀帝又征调淮南十几万民工，耗费了半年时间将山阳邗沟加以疏通、扩大，修成了一条宽40步的邗沟。开通济渠、邗沟之后，隋炀帝接着又准备修建了一条永济渠，大业四年（608）又征发河北100万余人开永济渠。永济渠主要利用沁水的河道，南接黄河，北通涿郡。大业六年（610），又开通了一条位于长江以南的江南河，从京口（今江苏镇江）穿过太湖流域，直达钱塘江边的余杭（今浙江杭州）。期间用了不到6年的时间，大运河工程全部完成。

隋朝大运河沟通了海河、黄河、淮河、长江、钱塘江五大河流。它以东都洛阳为中心，西通关中盆地，北抵华北平原，南达太湖流域，通航的范围大大增加。隋朝大运河长达2400公里，堪称有史以来世界上最伟大的工程之一。

修造大运河，一方面劳民伤财，给百姓带来了沉重的负担和巨大的灾难。大量民工累死在工地，千万百姓妻离子散，家破人亡。另一方面，大运河建成后，南北加强了沟通，对我国的经济发展发挥了重大作用。

2. 唐代的贡路

唐代贡路，可划分为东、西两组，西部以长安为枢纽，东部以洛阳为中心。

以长安为起点，一共有 6 条贡路：

（1）北线，从渭北过鄜州（今陕西富县）、夏州（略今内蒙古鄂尔多斯），抵河套上的安北都护府，即中受降城（今包头市敖陶窑子）。这条线路的基本走向与路段，与秦直道相一致。过河套后有条支线折向西北，又与六朝时通西域的新北道走向相一致，很有战略意义。

（2）西线，由长安西去雍县（凤翔），分道，或西北向上邦（天水）、兰州、肃州、瓜州，直抵安西都护府（龟兹）或北庭都护府（庭州），接通丝绸之路的中段、西段。或从雍州折向西南经大散关、剑阁直达益州。然后接西南夷道，通向邛、雅（四川雅安）、嶲（越嶲）、姚（云南姚安）。

（3）南线。从长安出发，正南方通过子午谷可去汉中。这是长安竹木建材的主要供给线，经济上很重要。

（4）东南线。从长安的东南方通往蓝田、商洛与武关，去今河南邓县与湖北襄阳为主要干道。然后分途一条支线向西折向今四川之达县、万县、忠县、涪陵、重庆等地，当年涪陵荔枝即由此道送长安，“一骑红尘”，历经川、鄂、豫、陕，也算不易了。另一条支线从襄阳向南通往荆州、武陵（常德）、潭州（长沙）、桂州（桂林）、梧州，再转东南方向的广州。这是秦汉以来中原与岭南的传统通道，其作用十分明显，具有经济意义和战略意义。当年黄巢由广州北上攻至江陵，走的大致就是这条路线。可与滇桂线相连，南下可通往交趾(今越南北部)。又可从广州出海，就是唐人说的“通海夷道”了。

（5）东线。从长安向东过潼关到洛阳，水路有渭河、黄河、漕运线，包括龙首渠、广通渠在内；陆路有经华阴、陕州、新安至洛阳的主线，又有经蓝田、洛南、卢氏、宜阳至洛阳的偏线。在这两条平行线上，客舍比比皆是，商旅络绎不绝，有私人“驿驴”供旅客租用。交通十分兴旺。

（6）东北线。从长安向东北方向渡过黄河经蒲州去晋州（临汾）、北都（太原）、雁门，然后分道，或北上云州（大同）；或东过飞狐道去幽蓟，通往辽海。

东部以洛阳为中心的交通大道主要有：

（1）向北过黄河到怀州(沁阳)分道，一去山西上党、晋阳；一去河内卫州（汲县）、相州（安阳），再北上幽、蓟，转辽海，并往黑龙江中下游流域延伸。也可从怀州、卫州向魏州（大名）、齐州（济南），去山东半岛成山角。这组由洛阳北上的线路，周秦以来一直辛苦地经营着，是洛阳通往晋中与河内、河北的主要干道。它把河东、河内、河北、山东地区联结起来，对于控扼塞外与关东，具有重要战略意义。

（2）从洛阳往东，经郑州到汴州（开封），或东向兖州，连接齐鲁的曹、青、莱等州。或从汴州东南向徐州、泗州、楚州（淮阴）、扬州，渡江以后向浙江、福建延伸，与近海航线相配合，成为一条重要的经济大动脉。它与大运河中段、南段大致平行，而且将苏、皖、闽、浙贯通起来了。在唐宋时期，它发挥了很大的经济作用。

（3）另有从郑州向汴州、宋州经寿春一线，可直达庐州（合肥）与金陵（南京）。

（4）从汴州向光州、黄州一线，经江州（九江）、洪州（南昌）、虔州（赣州）向南，跨越大庾岭可通往韶州与广州。这条南北干道，直到明清之际，都是中原与岭南联系的重要通道，其功用不下于由永州、桂州、梧州通向广州的传统大道。

（5）从洛阳南下，经信阳到随州、安陆，再转鄂州（武汉）、岳州（岳阳）、潭州（长沙），再去衡州（衡阳）、永州（零陵），接通桂州与广州，是又一条重要的南北通道。若换个角度，从当时的经济重镇如成都、江陵（荆州）、扬州、广州的方位看去，它们也是各自所在地区的交通枢纽。就广州来说，就是一种四通八达的形势，自成一方中心。由广州向东有滨海通道，可以连接潮州、漳州、泉州、福州，这是黄巢由闽入粤的交通线。

而且有近海航线相连，再北上可以直达长江口。从广州向西傍海而进，可以直达安南都护府（今越南的河内）。至于通往滇、黔、湘、桂、赣各地的干道，则不必重复了。再就成都来说，它除前述过秦岭通往汉中、关中与陇西的干线外，除前述通往邛、雅（雅安）、雋（西昌）、姚（姚安）的干线外，还可通过长江水运线，与渝州（重庆）、万州（万县）、江陵、江州、扬州联结起来。杜甫诗句“即从巴峡穿巫峡，便下襄阳向洛阳”，说的则是另一条水陆联运线。利用岷江、川江，到江陵，再由陆路北上襄阳、南阳去洛阳。江陵是长江中游的商品集散地，扬州是长江、大运河的交汇处，其水陆交通网络通联全国各地，自不待言。此外，在大北方，有幽州、太原与敦煌等城，处于战略要地，控扼着对东北、漠北、西北的国际交通线，唐朝廷也十分重视对这些地方的交通投入。

唐朝廷除对上述国家干道倍加重视外，在各州郡之间，还修筑了地方干道，各县之间也有大道相通，这样层层级级，构成一个覆盖全国的巨大而稠密的交通网络，水陆通联，江海并举，使全国经济文化交流空前活跃起来。由长安通往敦煌、疏勒、成都、江陵、广州、扬州、洛阳、蓬莱、太原、幽州、中受降城等地的干道上，除国家驿使馆舍外，夹道都有店肆待客，酒食丰足，还有私人驿驴可供租用。“忆昔开元全盛日，远行不劳吉日出”（杜甫：《忆昔二首》），讲的就是这种交通形势。这是十分令人满意的。

3. 唐代的水上交通

唐代国内陆路交通发达，水上运输也很发达。

唐代的水上运输线有三条。一是以南北大运河为主的漕粮的运输线；二是从成都经三峡到扬州，顺及沔汉、湘赣与太湖、洞庭湖等天然水道在内的长江水运线；三是近海航线（北段环渤海航线，中段胶州湾至长江口，南段长江口至广州，再延伸到交州）。这三条水上运输线交叉并行，又与四通八达的陆上交通线相交织，对于维系着封建国家的生命起着十分重要的作用。

唐代船只模型图

“俞大娘航船”是一种大型运输船舶名，典型地反映了唐代长江水运的水平。江湖语曰：“水不载万。”意思是说船只的装载量不能超过1万石，其实唐代的江上船只早就突破这个界限了。唐代李肇《唐国史补》载：“大历、贞元间，有俞大娘航船最大，居者养生、送死、嫁娶悉在其间。开巷为圃，操驾之工数百，南至江西、北至淮南，岁一往来，其利甚溥（广大之意），此则不啻载万也。”意思是说俞大娘航船最大，大到可以在船上开巷为圃，生死嫁娶之事都可以在船上操办，雇佣船夫数百人。一年往返于江西和淮南，就能大获其利。这种私人巨型航船的出现，既表明了唐朝时期私营运输业的兴盛，也表明了私人造船业的发达。唐代的造船业发达之区有扬州、越州、常州、杭州、洪州等地。私人船只很多，且品类俱全。据记载，在当时的湖北、江西一带，有一半的人家以船为家，而大富商必有大船，船上载歌载舞，极尽奢华，且常与官府勾结，不受地方政府节制。而一般的船家，是逃不过官府征役的。当时江上之船，还有用飞轮击水航行的。《旧唐书·李皋传》说他曾“运心巧思”，制造战舰，“挟二轮蹈之，翔风鼓浪，疾若挂帆席”。他所造的船舰，“省易而简固”。飞轮的使用，是造船技术史上的一大突破。唐宋时，洞庭湖一带这种足踏的飞轮船已为民间所用。也许它本来就是船民自己的发明。

长江水运线，在唐代可大致分为5段。第一段为汶水（岷江）段，从成都以上起，下经嘉州（乐山）直至戎州（宜宾）。川西平原水网密布，自先秦李冰整治以来，水利事业代代兴隆。唐代成都织锦业发达，就依靠这段进行水路外销。其西侧的青衣水、大渡水

大运河漕运

和泸水沿线，有水陆通道分别通向雅州、汉源与越雋。第二段为川江段，自戎州经泸州、渝州（重庆）至万州。这段水道的北侧，有中汉水（内江）从汉州、资州流来，可通舟航。有涪江水与西汉水（嘉陵江）从川北而来，大部可通舟航，贯通巴蜀腹地的水陆交通，正是以西汉水等为主干的。第三段为三峡段，自万州以下，经奉节、巴东、夷陵（宜昌）到江陵（荆州）。这一段最

为惊险，也最为紧要，是巴渝通往中原或荆扬的主要通道，当年沿江也有步道可行。第四段是江汉段，从江陵经鄂州（武汉）、岳州（岳阳）、江州（九江）直抵金陵（南京）。这是六朝以来联结荆扬的传统大江水道，自古以来就得到充分的开发利用。沔汉水系、洞庭湖水系、鄱阳湖水系，都有舟楫之利，使荆、湘、皖、赣的经济交流与发展得到有力的保障。这一带江面宽阔，水流平稳，不仅商旅得其利，也是兵家用武之地。安禄山造反时，永王李璘兵下金陵，就是想借此一段水来干一番“事业”的，曾得到李白的赞许。第五段为下江段，从金陵过京口、广陵，与大运河交汇，再出长江口，汇同太湖水系，连通东海航线。凡荆、益、湘、赣从长江水道运往中原的米粮木材百货，都从这里转运。唐宋时期，文人墨客、达官富豪，凡要南来北往者，也往往取道金陵—广陵—楚州—汴京一线，充分利用大江与大运河提供的方便。

大运河的运输，在唐代可以粗略地分为好几段，尤其是漕运，江淮一带的船舶，难以适应汝、泗、颍、济等北方水道。尤其是黄河航道的水情，所以必须换驳。唐玄宗以前，江南州郡的租庸调，于每年正二月期间运至扬州，再经运河漕道向北出发。但是因为水浅的缘故，只能等到四月才能渡淮入汴，而此时汴水又处在干浅期，船运只得再次停歇，等到六七月份水涨时才能运达河口（今河南河阴县）。行至此又恰逢黄河暴涨，需要等到入秋后水势减弱了才能漕运到洛阳。至洛阳后，若想转运长安，可从黄河入渭河走水运，但是又面临砥柱的风险，若是有 4/5 的漕粮能运达成功就算不错了。然而在唐初需要的关中粮米不过二三十万石，到开元、天宝之后，朝廷机构越来越庞大，一二百万石粮也已经不足够支撑了，所以改革迫在眉睫，于是由洛阳至长安的运输问题就被提出来了。唐朝大臣裴耀卿就提出了分段漕运的方案：从扬州到楚州，为山阳渎段，即古邗沟段，用江航船漕运；由楚州入淮至泗州为淮水段，仍用南方大船漕运。到泗州换驳，即用北方船由淮入汴，运至河口县，此为汴水段；在河口县起岸，将南方漕粮暂屯于河口仓备运。从河口分两道西运，一为河漕，一为洛漕。洛漕转运至洛阳，供应东都。河漕要经三门，为避开砥柱的风险和黄河汛期的风险，在河清县设柏崖仓，在三门东设集津仓，在三门西设三门仓和太原仓，在此期间根据水情变化，节节运输，节节储备。过太原仓后西运关中就方便了。在三门东西仓之间，曾一度开出北山夹道，转用陆路车运 18 里，耗费不多，又能够避开水运覆没的危险。天宝年间（742—756），每年运往长安的漕米多达 250 万石，还存在不敷支用的忧虑。在此之前，唐玄宗常年驻于洛阳。关中作为帝都所在，在地域空间上已经显现出它的狭小局促的缺点，也或因为地处偏远和漕运的艰难，难怪以后的帝王都不在长安建都了。经历了“安史之乱”的事件后，唐代漕运出现了严重的人为的危机。唐代宗李豫在位时，一位很有经济管理才干的大臣叫刘晏，他曾以御史大夫身份，领东都、河南、江淮转运、租庸、盐铁、常平使，后又升任吏部尚书，又领益湖南、荆南、山南东道转运、常平、铸钱使，努力筹划财政，取得了不少的成果，克服了“安史之乱”带来的严重危机。当时，从淮阴到蒲坂的整个漕运线上，3000 里“屯壁相望”，到处是威权显赫的各路驻军，常借“军食不足”的名义半路截取漕船，朝廷使节也无可奈何。在河南府 600 里的河道竟无人巡逻守夜，导致的情况是：“夺攘奸宄，夹河为薮，纵不漂没于河，也被劫夺于陆，漕运颇艰。而且宜阳、成皋、虎牢、熊耳之间，五百余里的地面上，民户不到一千，居无尺椽，炊无烟焰，野兽昼游，冤鬼夜哭，要想不经漕运搞陆运，民伕又何从而来？然而若仍漕运，则河汴久不疏浚，岸崩堤毁，所在浅淤，又怎能依赖河漕？”（《新唐书·刘宴传》）刘晏领此重任后，亲自勘察各个路段的实情，并向朝廷提出一系列切实可行的措施，强化了对漕运的管理。他还冒着风险任用了一批无私执法的“新进人士”，终于使得国家漕运逐渐得到了恢复，唐王朝这才得以能继续下去。每年运入关中粮食达 40 万斛。

唐代还十分重视对渭水与灵渠漕运的维护。

灵渠，秦始皇时派史禄等人开通的，是秦汉时遡湘入桂的主要孔道，当时可以通航，后来淤塞了。到唐敬宗时（825 年前后），大臣李渤在灵渠上立斗门（船闸）以通漕运，不久又停废了。唐懿宗年间(868 年前后)，在刺史鱼孟威的主持下，重建斗门，从此灵渠可通巨舟，极大地方便了岭南与中原的交通运输。这一体制一直维持下来，对宋、明时期的水运也起了很大作用。

秦汉时期，中央朝廷就对渭水漕运十分重视，为了节省运费与灌溉农田，历代都在渭水南北两侧修建人工渠。唐玄宗天宝三年（744），陕州刺史韦坚从长安城西开渠沿着古渠至华阴入渭河，便是疏理关中漕运的重要一举。通过此渠每年可运 250 万石米入关，唐玄宗很高兴，提拔韦坚当了转运使。从此，他就不必带领满朝文武“就食东都”了。

此外，为了避免江南河入大江处因为水流湍急，容易导致漕船覆没的危险，齐擀曾在润州（江苏镇江）开伊娄渠，使直达扬子江。又在泗州与楚州之间疏浚广济渠新水道，以避开淮水入洪泽湖的波涛震荡之苦。还有陕州（今三门陕市陕州区）刺史李齐物见三门峡河路湍急，便于三门之北凿石渠，以通漕船。这些工程，大多完成在开元年间（720 年前后）。此前的武德年间（620 年前后），曾在陇州开五节堰以通水运；永徽年间

（650 年前后），曾在今山东河北交界处开无棣河沟通渤海与永济渠（大运河北段），所谓“新河得通舟楫利，直达沧海鱼盐至”（《沧州百姓歌》），对解决这一带的民生颇有功益。

近海航运是唐代的另一重要交通形式。武则天时期，设柳城（今辽宁朝阳）为营州州治。在此地派重兵把守以牵制奚与契丹，要保证其供应就仰赖于海道运输的畅通。开元年间（720 年前后），担任检校营州都督的宋庆礼在营州开屯田 80 多处，召集流民立村筑寨，招引胡商开商铺，数年后仓廪实而“罢海运，免运输之劳”（《旧唐书·良吏传》），由此可见此策略很

隋唐人物与交通图

有成效。不过，史载：开元十四年（726）七月“沧州大风，海运船没者十一二，失平卢军粮五千余石，舟人皆死”（《旧唐书·立行志》）。说明营州海运仍然有部分在运营着。这是北段近海航线的情况。至于从山东半岛到辽东半岛或朝鲜半岛的跨海通航，则是出于战争的缘故，正史对其日常往来多无记载。然而敦煌发现的唐代《水部式》中，清楚地记载着登州、莱州、沧州、瀛州（河间府）的海运水手3400人的姓名，由此可知山东—河北—辽宁的近海航线从未间断，一直在经营着。南方海运，据《旧唐书·懿宗纪》记载，咸通三年（862），安南战事吃紧，唐朝统治者调令江西湖南军前去增援，让他们从湖南湘江溯灵渠南运。但是运输艰难，又不能提供充足的军粮。有个叫陈磻石的润州人给皇帝上书：“臣有奇计，以馈两军。”皇帝马上召见了他。他说：“臣弟陈昕恩曾经担任雷州刺史，其家人随着一艘大船从福建出发，那大船可以承载千石的重量，而且不到一个月就能从福建到达广州。如果用数十艘这样的船，那么三万石的漕粮物资便可以轻松运到广府了。”和朝臣商量后，懿宗决定就用此策略，任命陈磻石为盐铁巡官，往杨子院专督海运。据此可知，闽广海道一直是畅通的。令人不解的是唐政府居然放任不理，到最后还是让一个叫陈磻石的人把它当成“奇计”献给了皇帝。

经略西域的隋唐重臣——裴矩

裴矩（547—627），原名世矩，字弘大，河东闻喜（今山西闻喜）人，隋唐时期著名外交家、战略家。他是北魏荆州刺史裴佗的孙子，北齐太子舍人裴讷之的儿子。裴矩曾用计谋离间突厥，借内耗削弱其实力，减轻了其对中原的威胁，为以后唐朝战胜突厥打下了基础。他还致力于中西商贸和文化交流，让西域40国朝贡于隋朝，拓宽了数千里疆域，史称“交通中西，功比张骞”。此外，裴矩还是著名的地理学家，曾编写《西域图记》3卷，记载西域44国的地理资料。

1. 官居高位的四朝元老

公元 6 世纪末，隋朝统一全国，结束了南北朝时代的大混乱、大动荡和大分裂局面，历史的航船驶进了一个难得风平浪静的港湾。一度萧条的丝绸之路再现生机，商队络绎不绝，驼铃声随风飘荡。伴随着丝路的重新畅通，历史舞台上出现了一位为开拓西域、发展国际贸易立下不朽功业的著名能手——裴矩。

裴矩出身于官僚世家，从小以聪明博学、才华出众而闻名当时。西晋时，裴矩的祖先前往河西地区躲避战乱。晋孝武帝太元元年（376），苻坚灭前凉，徙豪右 7000 余户于关中，裴氏家族大概在这时返回了故乡。裴矩的祖父和父亲都曾在北魏、北齐做官。祖父裴佗曾任北魏都官尚书，父亲裴讷之担任过北齐太子舍人的职务。因很小失去父亲，裴矩后来由伯父抚养成人。裴矩本人也曾在北齐为官。北周灭亡北齐之后，他的才干得到了隋代开国皇帝隋文帝杨坚的赏识，渐受重用。隋朝平陈之后，裴矩奉晋王杨广（即后来的隋炀帝）的派遣，负责接受保护南陈遗留下来的图书典籍。还曾奉文帝之命，率领 3000“弊卒”前往岭南地区，实行绥集政策，安定岭南地区 20 余州，以功拜开府，赐爵闻喜县公。后来又奉命北抚突厥启民可汗，与牛弘等参定隋礼。他曾帮助隋炀帝经略西域，并在张掖负责隋朝对外贸易事务，促进了隋朝与中亚及以西地区的经济文化交流。他多年在隋朝廷为官，文帝时曾历任民部侍郎、内史侍郎、尚书左丞、吏部侍郎等职。隋炀帝即位之后，裴矩担任过民部侍郎、黄门侍郎等职。隋末天下大乱，裴矩又曾在河北割据势力窦建德手下任职。窦建德兵败后，裴矩投降唐朝，被封为安邑县公。后来因劝说太子李建成余党投降唐太宗李世民有功，被授为民部尚书，后于唐太宗贞观元年（627）去世，终年80岁。裴矩不仅历任要职，而且著述甚丰，主要著作有《隋开业平陈记》12卷、《高丽风俗》1卷、《邺都故事》10卷、《大唐书仪》10卷、《西域图记》3卷。

隋文帝像

裴矩一生经历了北齐、北周、隋、唐4个朝代，每当朝代转换之际，他总是能够很快地得到新的统治者的重用，尤其以精明强干、博学多识见称。《隋书》《北史》《旧唐书》《新唐书》等正史中都曾为他专门立传，这在古代历史上是很特殊的。裴矩的主要事迹集中在隋代，尤其是对隋代的对外交往作出了重大的贡献。裴矩在外交方面的功绩主要有两个方面：一是帮助隋炀帝经略西域，与西域各国发展关系，促进了边境的安宁和中外的友好交往；二是撰写《西域图记》，为我们今天了解 7 世纪中亚地区的民族、历史，以及当地风土人情和丝绸之路的发展情况，提供了珍贵的历史资料。

2. 扫清西域互市的障碍

隋朝初年，面临着来自 3 个游牧民族政权的压力：在北方，东突厥汗国不断入侵隋朝的北部边境；在通往西域的道路上，横亘着占据了青海及甘肃部分地区的吐谷浑政权；而连接隋朝与中亚及以西的地区，则在西突厥汗国的控制之下。面对复杂而严峻的周边环境，隋文帝制定了“远交近攻”的外交战略，经过多年努力，解除了东突厥对北方的威胁，到隋炀帝即位之后，转而向西发展，力图将西域纳入隋朝的版图，恢复中原王朝传统上对西域的统治。

隋朝在经营西域的过程中，首先面临的是随时可能对河西走廊形成重大威胁的吐谷浑政权，所以隋炀帝首先将经略的目标对准了吐谷浑。在隋军出兵攻打吐谷浑之前，裴矩作为杰出的外交家，衔命出使铁勒，成功地说服精锐的铁勒骑兵并大败吐谷浑，为隋朝向西域发展扫清了障碍。同时，裴矩协同大将薛世雄出兵伊吾，及时设立伊吾郡，为安定西域起了关键的作用。裴矩还曾施展外交才能，“引致诸蕃”，使“高昌纳贡，伊吾献地”。在与突厥阿波系处罗可汗的斗争中，他又成功地使用“远交近攻”的策略，不战而降处罗。几乎隋炀帝在西域的每一次重大活动，都有裴矩的参与，并在其中起了关键作用。《隋书·裴矩传》记载，隋炀帝对裴矩言听计从，“四夷经略，咸以委之”，正反映了裴矩在当时外交活动中举足轻重的地位。

隋朝在经营西域的过程中，影响最大的事件之一是由裴矩策划、在张掖召开的所谓“二十七国大会”。当时的张掖，是西域与突厥汗国进入内地的重镇，隋炀帝特别指定张掖作为隋朝与西域诸国开展贸易活动的场所，并派遣当时担任吏部侍郎的裴矩专门掌管张掖的互市。608 年，隋炀帝在祭祀北岳之前，令裴矩引导前来张掖贸易的西域诸国使臣入朝助祭，结果裴矩引来了十几个国家的使臣。609 年，炀帝巡行至张掖，在裴矩的策划下，高昌王、伊吾、吐屯设等西域几十个国家的国王或使臣都聚集在这里。炀帝在张掖大会西域各国君主、使臣，《隋书·炀帝纪》记载当时的盛况称：“上御观风行殿，盛陈文物，奏九部乐，设鱼龙曼延，宴高昌王、吐屯设于殿上，以宠异之。其蛮夷陪列者三十余国。”《隋书·食货志》也记载：“西域诸胡，佩金玉，被锦厨，焚香奏乐，迎候道左。帝乃令武威、张掖士女，盛饰纵观。衣服车马不鲜者，州县督课，以夸示之。”在中国古代对外关系史上留下了浓墨重彩的一笔。

3. 撰写《西域图记》

裴矩在掌管河西走廊对外贸易期间，揣知炀帝“方勤远略”，于是“诱令”胡商言及西域各国的风俗、山川等情况，撰成《西域图记》一书，进献炀帝。

《西域图记》是裴矩根据采访胡商的资料而撰写的一部著作。据记载，在阅读了《西域图记》之后，炀帝“由是甘心，将通西域”，可见这部著作是在隋朝与西域贸易关系充分发展的前提下产生的，并在隋朝经营西域的过程中起了重要的参考作用，所以它首先是一部应当时政治外交需要而产生的经世之作，非一般的“纯学术”著作可比。同时，这部书又是一部学术性很强的著作，对我们了解和研究隋代的西域状况尤其具有不可替代的重要学术价值。《西域图记》今佚，原书 3 卷，记西域 44 国。其中葱岭以东、于阗以北，

河西走廊

即我国现新疆地区载有10余国，其他诸国都是位于今天中亚和南亚地区的国家。现在虽然已经无法见到《西域图记》的原貌，但是在《隋书》和《北史》的裴矩传中，幸而保存了原书的序，借此我们可以大体了解到这部重要著作的概况，并进而对隋代有关西域的知识有所了解。序文中提到的当时内地与西域交通的路线，更是今天研究隋代西域史和中西交通史的最重要的资料。

《西域图记》是在西域与隋朝交往日益增多的形势下产生的一部著作。裴矩在序文中说："皇上膺天育物，无隔华夷，率土黔黎，莫不慕化。风行所及，日入以来，职贡皆通，无远不至。臣即因抚纳，监知关市，寻讨书传，访采胡人，或有所疑，即详众口。"来到内地的西域商人越来越多，裴矩利用职务的便利，采访商人，并将采访的结果与文献资料进行比较研究，然后在此基础上写成了这部书。前代有关西域的记载，多不清楚，而“富商大贾，周游经涉，故诸国之事，罔不偏知”。所以裴矩特别注重对西域商人的调查，而这也构成了《西域图记》最显著的特点。除了调查研究之外，在撰写《西域图记》的过程中，“复有幽荒远地，卒难访晓，不可凭虚，是以致阙”。坚持了求实求真，有疑则阙的严谨态度。

《西域图记》从多角度描述了当时西域的状况。

首先，在《西域图记》中记述了西域各国自从两汉以后，到隋代期间的历史沿革。序中说，西域诸国自两汉以来“春秋递谢，年代久远，兼并诛讨，互有兴亡。或地是故邦，改从今号，或人非旧类，因袭昔名。兼复部民交错，封疆改移，戎狄音殊，事难穷验……”。显然裴矩在书中并不是泛泛记述西域历史沿革，而是进行了精审的考定。尤其值得指出的是，裴矩在这里具列的“地是故邦，改从今号”（古今同地异名）、“人非旧类，因袭昔名”（古今同名异族）、“部民交错”（居地情况复杂）、“封疆改移”（各国疆域变动）、“戎狄音殊”（各国、各族间语言的差异）这五种情况，确切地概括了古代西域历史纷繁复杂、变动不居的特点。如果没有切切实实的研究和调查，就不可能具有这样精审卓绝的见识。

其次，《西域图记》描述了西域各地的山川河流、民俗风土。这就是裴矩在序中提到的自从两汉以后，“虽大宛以来，略知户数，而诸国山川，未有名目。至如姓氏、风土、服章、物产，全无纂录，世所弗闻”。而《西域图记》则在自然地理和人文地理方面补充了历史记载的空白。

最后，所谓“图记”，最突出的特点就应该是图文并存。但是《西域图记》与一般的“图记”似乎又有所不同。它不仅描述了西域的地图——“仍别造地图，穷其要害。从西顷以去，北海之南，纵横所亘，将二万里”，而且将西域各国统治者乃至普通人民的容貌、服饰都描绘了下来。序文中说，裴矩在采访西域商人的基础上，在书中“依其本国服饰仪形，王及庶人，各显容止，即丹青模写，为《西域图记》，共成三卷，合四十四国”。从这段话中可以推测，描绘西域各国统治者和普通百姓的容貌、服饰，是《西域图记》的一项很重要的内容，而地图则很可能是附在全书或各卷之前（或之后）的，序文中特别强调“仍别造地图”，可能就是这个原因。这部著作既总结了前代对西域的认识，又增加了隋代有关西域的最新知识，大大开阔了当时人们的视野，是中国古代地理科学的瑰宝。据记载，隋炀帝读了《西域图记》之后非常兴奋，“每日引矩至御坐，亲问西方之事”。从这件事上也可以反映出《西域图记》在当时产生的巨大社会影响，及其无与伦比的作用。

对于研究隋代的中西交通来说，最可宝贵的是《西域图记》的序文中保留了原书中介绍当时中西交通的三条最主要的道路，裴矩将它们称作北道、中道和南道。现依次简单介绍如下。

北道：出敦煌（今甘肃敦煌）至伊吾（今新疆哈密），经蒲类海（今新疆巴里坤湖）、铁勒部到达突厥可汗庭。然后渡北流河水（今锡尔河）至拂菻（今土耳其伊斯坦布尔），达于西海（今地中海）。这条道路的开通与突厥汗国在政治上统一了欧亚大陆的北方地区有密切的关系。

敦煌

中道：出敦煌至高昌（今新疆吐鲁番），经焉耆（今新疆焉耆）、龟兹（今新疆库车）、疏勒（今新疆喀什），度葱岭（今帕米尔），经今中亚地区至波斯（今伊朗），最后到达西海（今波斯湾）。

南道：出敦煌至鄯善（今新疆若羌），向西经于阗（今新疆和田）、朱俱波（今新疆叶城）、喝盘陀（今新疆塔什库尔干）。度葱岭，又经今阿姆河南、兴都库什山以北的地区至北婆罗门（今印度北部），最后达于西海（今印度洋）。

《西域图记》的问世，反映了隋代与西域关系日益密切以及丝绸之路贸易的发展，而裴矩本人也在隋代经营西域和增进后代对西域的了解方面作出了重要的贡献，成为我国古代外交史上一个重要的代表人物。

延伸阅读

繁荣富庶的扬州港

扬州，古称“邗城”“广陵”“江都”“维扬”“舆县”“南兖”“东广”“吴州”等，建城史可上溯至公元前486年，扬州历史悠久，文化璀璨，人杰地灵。

隋炀帝时期开凿大运河，扬州由此成为重要的交通枢纽。到了繁盛的大唐时期，扬州城“雄富冠天下”，有“扬一益二”之称。在古代扬州的地域内，唐代设有 39 个郡府，196 个县。隋唐两代的扬州范围是不一样的，唐时期的扬州包含了隋末的扬州，但远不止于隋末那个繁华的扬州城。到了唐朝末年，江淮大乱。昭宗天复二年（902），淮南节度使杨行密在扬州受封吴王。天祐十六年（919 年），杨渭正式建吴国，定江都为国都，并将扬州改名江都府，改元武义。南唐保大十五年（957），后周又将江都府改为扬州府。

隋唐时期扬州府的地理位置十分优越，位于江淮平原南端，北连淮水，背靠中原，中贯直达京都长安的大运河；南靠长江，紧临吴越平原；东临大海，自然资源丰富。由于优越的自然地理条件、便捷的交通、富庶的农业、发达的手工业及商业，扬州府的经济十分发达。

隋唐时期，由于社会安定，经济繁荣，扬州成了一个繁华的都市，还是当时亚洲最大的国际商贸大港。

1. 扬州城成为繁华的商贸市场

唐代扬州城由子城(衙城)和罗城(商城)两部分组成，总面积约 20 平方公里。子城为官衙办事区，罗城为商业区。唐文宗开成三年（838），日本学问僧园仁经过扬州，在其著作《入唐求法巡礼行记》中说："扬府南北十一里，东西七里，周四十里。"南宋著名文学家洪迈也说："唐世盐铁转运使在扬州，尽斡利权，判官多至数十人，商贾如织，故谚称'扬一益二'，谓天下之盛，扬为一而蜀次之也。……本朝承平百七十年，尚不及唐之什一，今日可酸鼻也。"（徐明德：《论七至九世纪亚洲第一国际商贸大港中国扬州港》，《杭州大学学报》1998 年 01 期）

扬州城内有两条河流，一条为东西向官河，另一条为南北向河流，从子城南门前与浊河相会处开始，贯穿整个罗城，与官河并行市河（今汶河路）。唐代扬州是一座多桥的水城，像今意大利的威尼斯水城一般，所以新罗人崔致远在扬州任淮南节度使高骈的幕僚时，

扬州唐城遗址

高骈特地借给他舟舫，作为交通工具。

扬州唐城的市街格局像棋盘格一样，街市几乎为直线型走向。其中最为出名的街市是纵横贯穿罗城东西和南北的两条十里长街了。一条是东西向的长街，另一条是南北走向的商业街。这种建筑格局，体现了江南水乡的建筑特色，充满韵味，令人流连忘返。城内官河上的 17 座桥梁和市河上 9 座桥梁的两端勾连着相通的道路，这些大大小小的街道形成了一个十分密集的市内交通网。

唐代扬州是大江南北水陆交通的枢纽，交通十分便利，南来北往的商人游者络绎不绝，城内商业十分繁华。商品交易日益壮大和货币流通速度的加快促进了扬州“柜坊”与“飞钱”的出现，柜坊专营货币的存放和借贷，是我国最早的银行雏形，而飞钱类似于后世的汇票。当时全国各地的商帮在扬州异常活跃，扬州市场经营涉及的商品种类繁多，如米、盐、茶、丝绸、木材、瓷器、铜器、铁器、药材、珠宝等，涉及人们生活的各个方面，几乎应有尽有。

在唐代，扬州的日益繁荣吸引了很多外来客，波斯、大食等西亚商人大量聚集在扬州与洪州（今江西南昌）等地。很多波斯人也在扬州做起了珠宝、香料、药材等生意，中唐初期仅波斯人在扬州就有上万人。在出土的唐代文物中，有西域僧人头像和马来人陶范人像，以及不少波斯的蓝釉罐、翠绿釉大陶壶，充分反映出扬州港的国际化。

新罗商人和日本商人比波斯、大食更多。日本遣唐使船在扬州登陆，促进了扬州港的繁华。唐朝出使的船队也都从扬州下海，如鉴真东渡日本弘法，有三次是从扬州起航的。为管理海外贸易，优待和鼓励外国船只的到来，唐政府在扬州港口设立管理机构，收取较轻的“船脚”等税。

海外贸易的商品以西南亚的珠宝、香料、药材和扬州的丝绸、陶瓷器、茶叶、铜器、铸钱和书籍等印刷品为大宗，其他各类物资也相当丰富。鉴真第二次东渡，在扬州短期就筹备齐全的海粮和大批物品，足以印证了当时扬州港口货物之多和贸易之盛了。

2. 扬州成为发达的手工业之城

唐代扬州的手工行业多而发达，有造船、制盐、制糖、制茶、制药、酿酒、丝织等数十种手工制造业。在功用上可分为衣、食、住、行、用五大类，这一时期，扬州出现了“铜坊、纸新、冶成坊、官锦坊、雕刻制骨坊”等行业，而且有比较繁荣的手工作坊坊市出现。扬州被列为全国手工技术最为发达的地区，也成为了能工巧匠聚集之地。

鉴真第一次东渡时就带了玉作人、画师、雕檩、刻镂、铸写、绣师、修文、镌碑等“工手”85人，说明扬州手工业人才齐全，分工细密，为商品生产和交换提供了广泛的基础。为给杨贵妃进献珍宝，“四方争为怪珍入贡，动骇耳目。于是……广陵长史王翼以所献最，擢翼户部侍郎，天下风靡”（《新唐书·杨贵妃传》）……这也说明扬州手工业的发达确为全国首屈一指。

扬州铜镜

3. 扬州成为隋唐时期的旅游之城

唐代扬州的旅游业已很发展，主要有大运河的伟大工程“广陵涛”和水上都会扬州唐城的巧妙布局、宫苑遍地与寺院林立的名胜古迹，以及全国最大的商业城市和购物中心四大因素。独具特色的旅游业不仅吸引了海内外大批达官贵族、文人墨士、商人与游客的青睐，而且促使扬州成为全国最大的商业城市和购物中心。

隋唐时期，扬州港城不但成为运河通江的门户，而且是人们向往的旅游胜地。游览大运河，赞美祖国的大好河山，这里吸引着大批游人。诗人白居易留下了咏御道隋柳的诗："大业年中炀天子，种柳成行夹流水，西自黄河东接淮，绿影一千五百里。"（白居易:《隋堤柳》）

隋炀帝在开凿大运河的同时，又在扬州大兴土木，营造宫殿园囿。自唐以来，扬州不仅山水秀丽，而且以园林古刹和名胜古迹驰名中外。扬州是佛教圣地，城内有著名寺庙 340 所之多。从文献和考古资料可知，唐朝寺院有各自的寺产，经济独立，佛学派系独立传播，并有各自的思想体系。

隋唐时代，中国封建经济的重心已南移到长江流域和江淮地区，而政治中心仍在北方的长安和洛阳，如何运输东南和江淮财物，尤其是粮食供应京师，就显得非常重要而迫切。于是，扬州港城和大运河成为了封建政府重点保护的经济通道和对外交流出入口。

蜚声中外的龙门石窟艺术

隋唐时期被称为是"佛像中国化的黄金时代"，最具代表性的就是龙门石窟佛像艺术。

龙门石窟在唐代，尤其是唐高宗、武则天时期所造窟龛最多。唐代的窟龛约占龙门石窟总数的6/10。在龙门石窟造像之风中，王室及文武官吏起着主导作用，其他还有僧尼、行会、士庶、街坊，以及新罗、康居，吐火岁等外国僧俗。

唐代龙门石窟从规模上看有大洞、小洞、小龛三类，有700个窟龛。这一时期，窟龛中造像题材扩大了，除北朝已有的佛像外，同时还有刊造经文的人像。这时西方净土崇拜大为流行，阿弥陀佛及牧苦观音像几乎占去唐代造像总数的一半。信徒造像记中只讲“造功德”而不言所造为何像，将不同经典中的佛与菩萨任意地组合到一铺造像中，甚至有对信仰的佛或菩萨像造出数身，数十身，数百身，出现3弥勒并坐，5观音并立，弥勒500躯并排的现象。

唐代的代表窟有潜溪寺、宾阳南洞、北洞(以上二洞的佛像完成于初唐，洞窟及藻井则于北魏已完成)、奉先寺、净土堂、龙花寺、极南洞。这些古窟都在伊川两岸的山岩上，东岸的岩壁上则全是唐代窟龛，其中有大窟7个，有二莲花洞、看经寺、大万伍佛洞、高平郡王洞等。龙门石窟艺术在经过南北朝数百年发展之后，唐代达到了成熟阶段。龙门窟龛的造像规模、题材、技巧，都达到了空前完美的程度。可以说，从唐太宗到唐玄宗初年这一段时期，龙门的造像活动一直比较兴盛，是龙门石窟上的第二个造像高潮。这一时期龙门最富有成就的代表作是奉先寺大型群像的雕造，它是中国雕刻史上的高峰。奉先寺是露天摩崖造像群，南北宽约 36 米，东西进深约 40 米。主要造像九尊，都栩栩如生，神采飞动，艺术家按照佛教规定的形象，雕造了具有不同性格和气质的大型佛像。主像卢舍那大佛，通高约 17 米，面庞丰满圆润，庄严典雅，眉若新月，眼睑下垂，双目俯视，衬托得那双灵活而又含蓄的眼睛更加秀美；鼻梁直挺，嘴巴微翘而又含笑不露，显得庄重而文雅、睿智而明朗，是艺术典型中的完人形象。其后的背光，构图精美，雕刻细致，是龙门最大的背光装饰。外围浮雕飞天和伎乐一周，彼此呼应，密致无间，匀称和谐。佛像左侧是弟子迦叶，右侧是阿傩，二弟子外侧是二菩萨，脸如满月，表情宁静矜持。毗沙门天王身着甲胄，显得镇定威武；金刚力士怒目张口，蕴藏极大的力量。两侧造像既有主从对比，也有文武、动静的对比。奉先寺是最具代表性的石窟。

在龙门唐代的造像题材中，弥勒佛的造像数量仅次于阿弥陀佛，菩萨中以文殊、观世音为最多。龙门石窟中唐代的弥勒佛，全部着佛装、善跏趺坐，左右有两弟子两菩萨侍立。

千佛洞、惠简洞、大万伍佛洞、极南洞和摩崖三佛都是以弥勒佛为主尊的。大万伍佛洞后壁雕出一弥勒，善跏趺坐于高背椅上，左右为二菩萨，椅上刻龙、骑狮人，以及日月山水等。四壁及门外上部遍刻小佛，东南北三壁下部刻出罗汉 25 身。25 身罗汉是我国较早的一组罗汉群雕。每身罗汉旁都有一段摘自《付法藏因缘传》雕像的楷书铭文，从而可知这 25 祖名号。罗汉雕刻起伏有致，动势刻画入微，线纹流畅，风格柔和，形象落落大方，极富真实感。窟窿顶的中央刻 8 瓣莲花，周围绕以飞天、珍鸟、禅云、宝塔、笙、箜篌等。全窟烘托了一个亿万人成佛、快乐安稳、光彩夺目的弥勒净土境界。龙门唐代造阿弥陀佛成铺佛龛及造单身观音像成风，所造观世音，往往以持净瓶为特征。为求变化，有手提净瓶者，有倾瓶出水者，有手举净瓶者，有瓶中插花者，还有将净瓶系于腰带上者，菩萨姿势自由，身体呈 S 形曲线，丰胸细腰，优美异常。

龙门石窟中唐代的飞天不再持乐器，而专持花、果，作供养天人。万佛洞的飞天，头梳双丫髻，瓜子形脸，颈有项圈，上体裸，下穿裙，露足，身平卧，似于水中游泳。看经寺的飞天，头梳高发髻，面相圆润，肌肉丰满，帔帛和裙裳飘扬，袒胸露足。六身飞天似前后追踪，回旋飞翔。

龙门石窟地处中原，是外来的佛教艺术植根于民族传统艺术的土壤之中的丰硕成果，是我国古代雕塑艺术的完美表现。因此，龙门石窟在我国石窟艺术中有特殊的历史地位。

隋唐中日友好使者——裴世清

裴世清，生卒年不详，河东闻喜人，他生活于隋唐两朝，并在两朝任有官职，隋时曾担任过文林郎、鸿胪卿掌客等职务，在唐朝任驾部郎中、江州刺史。他一生为官，政绩少有人知，虽然正史中没有专门的传记记载他的事迹，但他是中国古代非常重要的外交家，为发展中日友好关系作出突出贡献。隋大业三年（607），日本小野妹子（男性，中文名苏因高）代表日本访隋，为答礼，隋炀帝命以裴世清为首的13人代表团回访日本，并与小野妹子一同归国。八月三日，裴世清一行受到日本政府隆重欢迎。八月十二日，裴世清当面向倭王表示了隋朝愿与日本友好交往的诚意，自此，带来中日两国的长期友好交往，他因此被称为较早的中日友好交往外交大使。裴世清在日本停留了3个月，对邻邦更加了解，也增进了中日双方的友谊，形成了中日关系发展的高潮。

裴世清像

1. 中日交往历史背景

中国和日本两国的友好往来历史十分久远，在地理位置上两国为一衣带水的邻邦，隔海相望。早在4世纪中叶，大和朝廷基本统一日本后，倭王不只一次派遣使者到中国南朝进贡，并请求授予封号。公元589年，隋朝统一，结束了南北朝纷争的局面，社会经济文化迅速发展，也为中日友好交往的发展创造了条件。当时日本正值圣德太子摄政。他为了吸取中国的先进文化，曾先后4次派遣使者来中国，这意味着两个统一国家的中央政权正式开始交往，这也是日本统治者采取积极主动的态度派遣大型使团直接访华，吸收中国先进文化的开端。尤其隋代的裴世清和日本的小野妹子为中日两国的友好交往作出了突出的贡献。

公元600年，日本圣德太子摄政时期，日本第一次派遣使者到中国朝见隋文帝，还学习隋朝典章制度。随后，圣德太子依据隋朝的典章制度进行了政治改革，制订了“冠位十二阶”的品官冠位制度和官吏贵族必须遵守的17条政治道德守则《十七条宪法》。仰慕中国先进文化的圣德太子派遣小野妹子两度出使中国隋王朝，以加强日本的中央集权，振兴日本佛教。

隋大业三年（607），日本小野妹子访隋，第二年（608）三月到达长安。

小野妹子（565—625），日本飞鸟时期的政治家，曾以遣隋使的身份两度访隋，时间分别为607年与609年，中间相隔两年。他虽然名为“妹子”，但却是男性。据说，小野妹子出身豪族世家，是日本第五代天皇孝昭天皇的后裔。他官居“冠位十二阶”之第五阶大礼，被任命为遣隋正使，与数十名人员一同访隋。隋大业三年（607）七月三日，使团带着圣德太子亲自起草的国书，使团正式出发。到达中国以后，小野妹子将国书呈给隋炀帝看，国书的开头写着“日出处天子致书日没处天子，无恙”(《隋书·倭国传》)，表达了日本希望与中国建立平等外交的愿望，但是这却触犯了以天朝上国自居又好大喜功的隋炀帝。因此，隋炀帝十分不悦，但是还是命人好好招待了日本使团，派以文林郎裴世清为首的十几名官员组成使团回访日本。

2. 深受欢迎的回访

隋大业四年（608）四月，裴世清率领访日代表团随同小野妹子使团回访日本。他们从山东出发，途经黄海、朝鲜半岛(百济国)，经济州岛以北的海面、对马岛、壹岐岛，在九州的筑紫受到圣德太子派遣的官员吉士雄成的热烈欢迎。随后，他们乘船东行到达难波港口(今大阪)，到达日期为六月十五日。在入港口处，裴世清等人受到日本官员的隆重欢迎，后入住日本特地为中国使者建造的居所。

待中国使者在此歇息之时，小野妹子先行回朝廷去禀告此次出使的具体情况。当日本朝廷得知隋炀帝回复的国书在途经百济国时被抢走，很多朝廷大臣觉得应该处罚小野妹子的失职之罪。但是为了给中国使者留下好的印象，日本天皇最终没有处罚小野妹子。八月三日，裴世清等人在日本朝廷特遣官员的盛大迎接下正式入飞鸟京(今奈良)。八月十二日，裴世清等人得推古天皇召见，他将隋炀帝回复的国书大意呈报给天皇，其内容为：皇帝问倭皇好，得知日本“抚宁民庶，境内安乐，风俗融和”“远修朝贡”，深表嘉赏，“故遣鸿胪寺掌客裴世清等”前来致意并赠送礼物(参见《日本书纪》卷二十二)。当时的日本天皇对裴世清说：“我

闻海西有大隋，礼义之国，故遣朝贡。”（《隋书·倭国传》）

倭推古十六年（隋大业四年，608）九月，裴世清回朝复命，圣德太子委派小野妹子与副使吉士雄成和通事鞍作福利再次出使隋朝，此次访隋的人员中，又多了留学生和学问僧 8 人。他们于次年（609）春到达隋朝都城。当时正值隋朝国力最强盛的时期，恰逢西域高昌国等共 27 国来隋朝贡，皇帝大赦天下。小野妹子奉日本天皇之命带来的国书上虽然仍有“东天皇敬白西皇帝”的对等称呼，但使团仍受到了款待。将留学生、学问僧安排妥当后，小野妹子在隋大业五年（609）九月返回日本，而通事鞍作福利自愿留在中国。因两次出使隋朝的功绩，小野妹子位至冠位第一阶之大德。

圣德太子像

隋大业十一年（615），日本天皇圣德太子又派遣使者进行第四次访隋。但是这次访隋，日本使者看到的中国景象已经大变，此时的隋朝各地纷纷起义，国势渐衰，政局不稳，百姓处于水深火热之中，还面临即将亡国的境况，与之前看到的所谓的繁盛的隋朝完全不同。

跟随小野妹子访隋而留在中国的留学生、学问僧，学习中国的典章制度、法制礼仪，在中国待了二三十年后于唐朝初年回到日本，并在随后的日本变革中发挥了巨大作用。唐贞观十九年（645），日本发生了社会政治变革运动“大化革新”。大兄皇子与中臣镰足组织策划了这场社会政治变革运动，他们向从中国留学回来的南渊请教，以孔孟儒家思想和隋唐政治制度为蓝本，并结合日本情势发动了宫廷政变，建立起大化新政权。还有留学归来的僧旻和高向玄理被任为国博士(顾问)，参与日本的经济政治改革，大化新政府规定了中央集权的封建国家体制，建立以天皇为首的日本大一统的封建国家。这对奠定日本以后的发展方向，具有非常积极的意义。

3. 出使意义深远

隋朝时期，中日之间共有4次文化交流。中国文化传入日本对当地产生了深远的影响，直接促进了推古朝飞鸟文化的发展。它是一种以佛教为中心，模仿中国文化的日本古代文化形成期。小野妹子等出使隋朝的使者回日本的时候，带了大量的书籍，大部分是儒家经典著作和有关佛教的书籍。日本政府很重视这些书籍，而且利用这些书籍记载的内容开始大加模仿。比如他们兴建大量寺庙，代表性的就是法隆寺、元兴寺(即飞鸟寺)、四天王寺等一批著名的大型寺庙。这些寺庙的外形、布局、风格都是仿照隋代建筑建造的，甚至寺庙里面的佛像、工艺品都是按照中国魏晋南北朝和隋朝的工艺技术重新打造的。就连圣德太子撰写的《三经义疏》，里面也随处可见中国佛经的印记，只不过是在中国佛经的基础上又增添了自己对佛经的独到见解，这本书是现存最早的日本人手写作品之一。圣德太子和苏我马子甚至仿效中国修史风格共同编修了《国记》《天皇记》等史籍，日本正是从这时开始模仿中国修史。在飞鸟时代，日本随处可见中国文化的影子，就连服饰穿搭、古董文物也在模仿隋朝，当时日本的社会风俗改头换面，令人耳目一新。

此外，日本的筷箸饮食文化也源自于中国，朝鲜、韩国、越南等国家的用箸习俗也都是由中国传入的。中国是世界箸文化母国。早在唐以前，筷子就传到了亚洲各国，特别是东北亚一带，最早是在日本。据日本学者山内昶先生指出，推古十六年（隋大业四年，608年），日本宫中设宴招待裴世清等人时，“席间采用中国餐桌礼节，以两双筷子和汤匙作为正式餐具，摆放在餐盘内，这是日本最早使用筷子的正式记录”（山内昶:《筷子刀叉匙》,台北蓝鲸出版有限公司2002年版)。由中国习得的箸文化，经过后来的发展，现已经成为日本文化的典型代表。

裴世清出使倭国的路线是:先到达百济，再到竹岛，向南可以望见舭罗国(耽罗国)。经过大海中的都斯麻国(对马岛)，向东到达一支国(壹岐岛)、竹斯国(筑紫国),继续向东来到秦王国(风俗与中国相同,《隋书》编撰者认为可能是夷洲)。又经过十多个倭国的附属国，来到倭国的都城邪靡堆(《隋书》编撰者认为是《三国志·魏志·倭人传》中的邪马台)。

裴世清访日，推动了隋代中日关系的发展。在日本停留了3个月，裴世清等人更深地了解了邻邦日本，促进了两国的友谊，推动中日关系发展到达一个新的阶段。可以说,裴世清是发展中日友好关系的外交大使。

延伸阅读

隋唐时期的对外交往

1. 隋与突厥的交往

突厥是隋帝国的北邻，也是隋的所有邻国中幅员最大、势力最强的一个。

东晋末年，突厥只是一个处于北凉、匈奴、沮渠氏势力范围（今甘肃张掖市一带）之内的小部落。北魏太武帝太延五年（439），魏灭北凉，突厥首领阿史那率部族500家投奔当时的大国柔然，定居于金山（今阿尔泰山）下。据说“金山状如兜鍪，俗呼兜鍪为突厥，因以为号”。就突厥的文化水准看来，它还不能算是野蛮民族，因为突厥人至少已使用一种类似文字的符号；在政治组织方面，他们共有28等的官阶；同时他们擅长铁工，他们最初便以这种技术为柔然服役。

梁国武帝中大同元年（546），铁勒欲攻打柔然，为突厥酋长土门（即伊利可汗）所邀击，铁勒降者5万人，突厥实力大增。此后5年，突厥脱离柔然而独立。至梁敬帝绍泰元年（555），突厥木杆可汗攻灭柔然，并击败和并吞了若干邻国。它的领土，西到里海以东的乌浒河，东到辽海（今渤海北部），北至今贝加尔湖，南至今内蒙古沙漠。当突厥开始强大，与中国也发生往来，那时正值北朝，魏分东西，内战不已，这让突厥看到了一个有利的南进机会。其后北齐、北周两国成立，双方都不惜付出极大代价来争取这个强大外援。突厥曾于周武帝初助周攻齐，但其后即依违于两者之间，坐收渔利。到周灭齐，突厥竟立齐宗室范阳王绍义为帝，与周抗衡。周武帝欲亲伐之，因病死而未果。

其后周又修筑长城，以资防守。突厥见周不可侮，乃与周亲善，周以宗女千金公主嫁给当时的突厥可汗沙钵略（木杆可汗兄长的儿子），突厥则把高绍义送回，从此突厥对中国失去控制力量。

隋文帝时，开始采用一种离间政策对付突厥，用以促成其内部的分裂和不安。这个政策的主持人是鲜卑人长孙晟，他曾于周宣帝时，护送千金公主赴突厥，与突厥可汗诸子弟及上层官贵来往甚密，因而熟悉突厥的内部情形。当时突厥的政治，尚没有达到中央集权的地步，只是分邦自治。其最高领袖可汗（大可汗）之下，尚有若干可汗（小可汗），他们各统有一定的地盘和武力，只是名义上服从大可汗，实际上是独立的。大可汗沙钵略以外，尚有 3 股重要势力：一是西面可汗达头，为沙钵略从父，自其父室点密起，即为西面可汗，与大可汗分庭抗礼，在诸小可汗中势力最强；一是阿波可汗，为木杆可汗之子，据突厥西北部；一是处罗侯，为沙钵略之弟，据突厥东部。3 人均与沙钵略不和，因此长孙晟于开皇元年（581）上书文帝，献离间突厥之策。

文帝采纳长孙晟的建议，首先拉拢达头，派太仆元晖赐他“狼头纛”，那是一种突厥大可汗才可使用的旗帜。其后又于某次宴会中，故意把达头使者的席次，排在沙钵略使者之上，自此使沙钵略与达头产生嫌隙。

继而长孙晟又设计离间阿波与沙钵略的情感，结果阿波于开皇三年（583）西奔达头，达头以兵助阿波攻沙钵略，自此突厥正式分裂为东西二国。西突厥的地盘主要为今伊犁河流域及其附近之地，东至都斤山（今蒙古杭爱山的一部分），西至雷翥海（今成海或里海），南至疏勒（今新疆疏勒县）、龟兹（今新疆库车县）一带，北至瀚海（今蒙古沙漠西北部），并役属西域诸国。东突厥则拥有都斤山以东之地，双方不时发生战争。

突厥内乱既起，隋乃乘机进攻东突厥。东突厥两面受敌，屡次失利，遂于开皇五年（585）向隋屈服，愿为藩附，并遣子入朝，岁时贡献不绝。开皇七年（587），沙钵略死，处罗侯继其位，击擒阿波。开皇八年（588），处罗侯死，传位于沙钵略之子，是为都蓝可汗。长孙

伊犁河

晟又设计离间都蓝可汗与其弟突利可汗的关系，开皇十七年（597），隋以宗女安义公主下嫁突利，都蓝怒与隋绝。既而长孙晟又劝突利率众南下，监视都蓝，为隋做耳目。开皇十九年（599），都蓝与达头合兵攻突利，突利军败，只身随长孙晟入朝。隋封突利为意利珍豆启民可汗，驻在黄河南岸胜、夏二州（今内蒙古自治区东南部）之间，划出四五百里的地方，做其部落的畜牧地。此时安义公主已死，隋又妻以宗女义成公主。同年，都蓝为部下所杀，隋遣启民部下分道招慰都蓝部众，降者甚多。接着隋室对东西突厥同时展开大规模的进攻，混战四五年，把东突厥逐出内蒙古沙漠；西突厥也发生内乱，达头出奔吐谷浑。仁寿三年（603），长孙晟迁启民可汗于塞外，接收达头的残部，正式成为突厥的大可汗。启民的地位，由隋一手造成，自然对隋唯命是从。

炀帝大业五年（609），启民可汗死，其子继立，是为始毕可汗，对隋仍表忠顺。后来隋用朝臣裴矩之策，以宗女嫁始毕之弟叱吉设，叱吉设不敢受；始毕怨隋，又恨裴矩擅杀其臣下，乃于大业十一年（615）开始叛乱。其年八月，始毕率骑10余万，乘炀帝北巡，围炀帝于雁门（今山西代县）。当时情势危殆，幸义成公主（那时她已顺从胡俗，改嫁始毕）遣使诈称北边有警，促始毕回师。九月，雁门之围始解。其时隋内部乱象纷呈，两三年后，便告覆灭。

西突厥则自达头奔吐谷浑后，又分为两个势力：一是最高可汗泥橛处罗，居伊犁河流域；一是射匮可汗（达头之孙，处罗之叔），据西突厥西部。隋室以婚姻为诱饵，劝射匮背叛处罗。大业七年（611），射匮击败处罗，处罗率数千人降隋，炀帝赐号为曷萨那可汗，射匮遂取得西突厥的领袖地位。到隋灭亡，东西突厥均趋于极盛，在隋末唐初的十余年中，它们变成东亚大部民族的主人。

2. 隋与西域及吐谷浑的交往

隋文帝灭周后，也没有经略西域的意思，当时中国对西域内部的情形，相当陌生，仅知那里有 20 个左右的国家。至炀帝时，西域诸国胡人，有不少到张掖（今甘肃张掖市）做生意的。炀帝命裴矩加以管理，裴矩便引诱他们说出西域各国的山川风俗以及其国人的仪形服饰。根据这些资料，他写成《西域图记》3 卷，所记凡 44 国，并另制西域地图，将西域各国的要害，尽行画出，图中所包括的地区，有 2 万里之广。书中说，从敦煌出发，共有 3 条通路贯穿西域，直达西域西界的“两海”（今地中海和里海）。裴矩的书，引起了炀帝的兴趣，于是派裴矩利诱西域人入朝。从此西域人来隋京朝谒观光的，络绎不绝；所经过的郡县，迎来送往，靡费极大，竟至于民不聊生。

大业五年（609），炀帝西巡燕支山（在今甘肃武威市），高昌（今新疆吐鲁番县）王麴伯雅、伊吾（今新疆哈密县）王吐屯设和西域 27 国的使者，都迎谒道左，伊吾王并献西域数千里之地。炀帝也派遣使者韦节、杜行满宣慰西域，在各国取得玛瑙杯、佛经、舞女、狮子皮、火鼠毛等物而还。次年春天，炀帝于洛阳盛陈百戏，招待来京的西域诸国酋长和使节。剧场周围 5000 步，仅奏乐的便有 18000 人，演戏的时间长达一月之久，其后年年如此。西域普通人来隋的，有时也可得到免费酒食的招待。这些都是炀帝为炫耀自己朝廷的富足、强大而已。

西域文化在隋时仍照旧输入中国，西域人除擅长音乐歌舞外，并有他们独特的工艺技术，他们的这种奇技，对中国中古时代工艺的发展，有很大的贡献。隋代的三大技术家宇文恺、阎毗、何稠都有西域人的血统，隋代许多宏丽精妙的制作，都是他们以西域的奇技并附合中国的规制造成的。宇文恺曾于文帝时筑大兴城，开广通渠，修仁寿宫；又于炀帝时筑洛阳城，穷极壮丽。炀帝北巡塞外，命他做大帐，下可坐数千人，又造“观风行殿”，上容侍卫数百人，下施轮轴，可以推移。阎毗曾主持开凿永济渠，何稠则曾设计炀帝及皇后的车舆仪仗及百宫仪服。炀帝伐高丽时，命何稠造辽水桥，两日而成，又造“六合城”，周围八里，高十仞，可以牵引而行。至于西域人在隋朝廷做大官的，也颇不乏人，例如隋末群雄之一的王世充便是西域人，他于炀帝时曾做过江都通守等大官。

吐谷浑于北魏末年日渐强大，其酋长夷吕，自称可汗，定都于伏俟城（在今青海湖西）。北周时，其可汗夸吕，屡次寇掠边境。隋时，吐谷浑已深度地汉化，其政府官员有王、公、仆射、尚书、郎中、将军等称号，器械衣服也与中国略同。文帝初年，曾派兵征伐吐谷浑，夸吕远遁。其各王 13 人，均率部落投降，文帝以其中的高宁王移兹裒为大将军，封河南王以统降众。但夸吕仍寇掠不绝，直至隋军平了南陈以后，才不敢再肆意来边境侵扰。不久，夸吕死，子世伏立，向隋室上表称蕃，隋以宗女光化公主许配为妻。但伏接着死于内乱中，部下共立其弟伏允为可汗，隋依其习俗，仍以光化公主配之为妻。自此伏允年年朝贡，暗中访察中国内

隋炀帝像

部的情形，文帝对之甚为厌恶，但始终未采取行动。

炀帝时，派裴矩劝说铁勒部落击吐谷浑，铁勒果出兵攻击，隋又伏兵掩袭，结果伏允兵败，南窜入山谷中。隋军获得吐谷浑降人 10 余万口，六畜 30 余万头，并把吐谷浑的地盘接收过来。这块地盘东西约 4000 里，南北约 2000 里，隋于其地增设西海、河源、鄯善、且末四郡；前二郡大致辖有今青海湖以西和以南地区，后二郡则辖有今新疆的东南部。并发全国轻罪犯人，徙居其地。大业五年（609），炀帝西巡燕支山，本想对吐谷浑再度讨伐，但因中伏允之计，遭遇失败，未能成功。炀帝又命刘权镇守河源郡积石镇（今甘肃临夏县西），大开屯田，防御吐谷浑，以保障通往西域的道路通畅安全。

伏允败走后，率数千骑做客于今青海湖东南的羌族部落党项。当吐谷浑尚对隋称藩时，伏允曾遣其子顺入朝，为炀帝所留；至此隋朝廷将其子顺送返吐谷浑，统领其余众，但因其内部不和，未能成功。到炀帝末年，中国大乱，伏允乘机恢复失地，并且重新开始他对边境的袭扰活动。

3. 隋与南方诸国的交往

这里所说的海外和南方诸国，包括倭国、琉球、林邑、赤土四国。

倭国（即日本，7 世纪后半叶，倭国对外国号修正为日本国）自东汉对中国三度通使，至三国时，魏因控制朝鲜半岛之便，依旧与诸倭往来。魏时，倭国女王卑弥呼遣使入贡，魏封之为“亲魏倭王”，并派官吏前往其国答聘。中国的文字和古书《论语》等，也于汉魏之交由百济传入倭国。其后因中国内乱，双方隔绝甚久，但倭国曾与南朝的宋有往来，并受过宋的册封。至南北朝末叶（6 世纪中叶），佛教也经百济传入倭国，但同时中国的北方，周武帝正有灭佛之举。隋时，今日本诸岛列国并立，大都附庸于倭国，新罗、百济，也奉之为上国。文帝开皇二十年（600），倭女王阿每多利思北孤（推古天皇）遣使来朝，据倭使说，其国“气候温暖，草木冬青”，又说：“倭王以天为兄，以日为弟。天未明时出听政，跏趺坐，日出便停理务，云‘委我弟’。”文帝认为“太无义理，训令改之”。炀帝时，倭女王闻炀帝重兴佛法，于大业三年（607）再遣使者小野妹子朝隋，并以沙门数十人随行来学佛法。倭王在国书中有这样的话：“日出处天子，致书日没处天子无恙。”炀帝对这种称呼甚不高兴，但他为经营海外的浓厚兴趣所驱使，仍于次年派裴世清出使倭国。倭王甚表欢迎，并遣使随裴世清入朝，从此开始中倭通交的新篇章。倭国对中国文化进行大量且直接的吸收，自此以后，倭国不再完全依赖朝鲜半岛做输入中国文化的桥梁，而遣人到中国直接学习。

再说琉球。据近世学者的考证，隋朝时期的琉球，就是现在的台湾。也有人反对这个说法，认为是指现在的琉球群岛。根据中国旧史有关隋代时琉球国的记载，从它的位置、风土、气候和隋室对琉球的进兵路线看来，隋代琉球即现在台湾的说法，大体是可以成立的。在隋以前，琉球与中国从没有交通往来。隋炀帝时，海师何蛮曾隐约瞭望到这片土地。大业三年（607），隋炀帝命朱宽入海求访异俗，何蛮告诉他这件事，于是相偕前往。二人到琉球后，因语言不通，便掠了一个琉球人回来。据说当时的琉球，盛产木材，种类与中国江南地带所产的相同；风土气候，则与岭南相似。次年，又命朱宽前往抚慰，琉球不从。大业六年（610），隋炀帝派陈棱、

琉球群岛

张镇周从义安（今广东潮安县）率兵渡海进攻，费时月余始达琉球。其王欢斯渴刺兜派兵迎战失败，隋兵攻入琉球都城，杀渴刺兜，俘其人民数千而回。经过这一次突然降临的浩劫后，琉球在中国史书里，淹没了一个漫长的时期，直到南宋，才又出现。当朱宽二度赴琉球时，曾携回一种琉球布甲，据当时来朝的倭国使者说，这种布甲是“夷邪久国”人所用之物。由此可知，隋时倭国和琉球之间，当已有直接或间接的交通。

林邑，也是当时的一个国家，是象林之邑的简称。故地在今越南中部。秦汉时为象郡象林县，东汉末年，象林功曹之子区连自立为王，始立为国。林邑自经南朝宋文帝讨伐，国势顿衰。梁陈之时，与中国信使往来，颇少入寇。隋文帝平陈后，林邑曾遣使朝贡，但不久又告断绝。隋文帝末年，听说林邑出产奇宝，因而命刘方率师经略林邑，既而隋文帝去世，军事乃告停顿。炀帝即位后，仍命刘督师前往。大业元年（605），隋军从海口登陆，林邑王范梵志派兵堵险，隋军败之；遂渡阇黎江（当在今越南顺化附近），并设计击破林邑的象阵，攻入其都城，梵志逃入海中。其后隋军回师，刘方死于道中，士兵也以患脚肿病死去一半。梵志遣使谢罪，炀帝许其自新，从此朝贡不绝。林邑初定时，隋朝以其地设三郡，即比景（今越南顺化一带）、林邑（今中圻广南一带）和海阴（今金兰湾一带）。林邑王以余众建国于中南半岛的南端，隋兵退后，林邑收复一部分失地。直至唐高祖时（那时林邑已改名占婆），才完全恢复它旧有的疆域。

赤土，是隋时“南海”中的一国，从中国前往，须航行百余日，始可到达。因为在它境中的土壤多为赤色，故而称为赤土。至于它的地理位置，则说法不一，有的以为当在今马来半岛中部，有的以为当在今苏门答腊岛东南部。隋炀帝时，招募通使绝域之人，常骏、王君政等应募。大业三年（607），隋炀帝命他们携带大批物品，出使赤土。他们从南海郡（今广东广州市）乘船出发，沿着现在的越南海岸南驶，过金瓯岬，驶入暹罗湾，共行20余日，抵达赤土国界。赤土王派船30艘迎接，又行月余，到达赤土首都。据说赤土王的宫室器用极其华丽，对使者也甚为优礼。次年，赤土王派王子那迦邪随常骏等返国，于大业六年（610）谒见隋炀帝，隋炀帝对常骏等及那迦邪均加官赏。

唐对突厥的平定与对周边的战争

1. 唐对突厥铁勒的平定

（1）东突厥

在初唐时期的诸外族中，唐朝的最大敌人仍是东突厥。隋末唐初的几年中，东西突厥同趋于极盛，但东突厥因比较接近，因此双方的关系更为密切。当时由于内乱与战争不止，致使许多人纷纷逃入东突厥避难，因此东突厥实力大增。当时它的势力范围，东到今东北诸省一带，西到今青海和新疆东部；东西两方的许多民族如契丹、室韦、吐谷浑、高昌等，都臣属于它，国中能参与作战的兵员有100多万。隋末在北部起兵的群雄，连唐高祖在内，都曾屈服于它。东突厥对中原王朝也采取分化政策，它对每个起兵者都加以支持。唐的统一，非它所愿，同时隋室余党也鼓励东突厥予唐室以打击，此外群雄中的刘武周、梁师都等，也都向它借兵以抗唐师。由于这些原因，东突厥渐由支援者变为唐朝廷的敌人。武德三年（620）以后，东突厥无岁不发兵入寇，每次都是饱载而归，逼得高祖几乎迁都。武德九年（626），太宗即位不久，东突厥的最高可汗颉利与其侄突利可汗（始毕之子），因梁师都的勾引，又领兵入侵，大军抵达长安西北渭水上的便桥。唐太宗冒险亲自到渭水，与颉利订盟，并赠以金帛，突厥才退兵，这是唐对东突厥最后一次的屈辱媾和。

武德九年（626）以后，东突厥内部有赵德言的乱政，还有贞观元年（627）的大雪灾，再加上原来臣属于它的铁勒部落薛延陀的叛变，国势渐衰，对唐室的侵略才停顿下来。后来，又因唐朝廷离间政策的成功，颉利与突利发生冲突。突利于贞观二年（628）投降唐朝廷，东突厥的实力更为减损，这给了唐朝廷一个绝好的复仇机会。次年（629）冬，唐太宗以李靖、李勣等率兵10余万,兵分六道讨伐东突厥。贞观四年（630）正月，李靖率骁骑3000突袭颉利所在地的定襄（今内蒙古呼和浩特），颉利遁入阴山，被唐兵擒获。东突厥的残余部落，除北附薛延陀和逃奔西域的以外，投降唐室的有10余万口。唐朝廷把这批降众安置在东起幽州（今北京大兴区），西至灵州（今宁夏灵武县）的边塞地区。并派突利和阿史那思摩（即李思摩,颉利堂叔）为都督前往统理。此外东突厥诸酋长拜官在五品以上的有100多人，突厥人入居长安的近10000家。太宗本人好与突厥人接近，甚至以他们充当侍卫;太子承乾，也沾染了一些突厥习俗，从这些地方可以看出唐朝廷文化色彩的变化。

贞观十三年（639），突利的弟弟结社率谋反，攻九成宫（在今陕西麟游县），未成而死。唐室才感到突厥寄居中国内地的危险性，因此封李思摩为乙弥泥孰俟利苾可汗，命他率领部人，重返东突厥故地。但不过数年，俟利苾又因薛延陀的侵逼，率部南移，结果唐朝廷又把他们安置于胜（今内蒙古托克托县西南黄河南岸）、夏（今陕西横山县西）二州之间，俟利苾则入居京师。俟利苾南下后，东突厥故地为突厥酋长车

杭爱山

鼻可汗所占有。直至高宗永徽元年（650），唐擒车鼻，将其余众安置于郁督军山（今蒙古杭爱山北），东突厥可以说全部降服。同年，唐朝廷又设立单于、瀚海二都护府，管理大漠南北地区。都护府以下的组织，有都督府和州，这些府、州的都督和刺史都由突厥酋长来担任，并授予高度的自治权，只有最高长官的都护由唐朝廷的人出任。自此以后，东突厥长期稳定达30年之久。

调露元年（679），正是高宗末年武曌当权的时候，单于大都护管内的东突厥首领阿史德温傅、阿史那奉职二部叛变，诸州的突厥酋长，群起响应，众至数十万。唐朝廷出师讨之，虽将温傅、奉职或擒或杀，但突厥余众的叛乱，仍此伏彼起。天授元年（690）武曌称帝后，东突厥的势力渐强。万岁通天元年（696），武曌拜东突厥默啜可汗为立功报国可汗，命其助伐契丹。次年（697），又被默啜骗去突厥降户数千帐、谷4万斛和铁数万斤，东突厥的实力大增，态度又转强硬。

直到玄宗开元初年（713），默啜因衰老昏聩，东突厥发生内乱，部众大多降唐。开元四年（716），默啜病死，其兄默棘连立为毗伽可汗，因其知人善任，国内再趋稳定，曾于开元八年（720）大败唐兵。但自此以后，与唐和平相处了10余年。开元二十年（732），毗伽被臣下毒死，国内时有政争，日渐衰乱。天宝元年（742），拔悉密、回纥（铁勒部落之一）、葛逻禄（居今新疆喀喇额尔齐斯河流域）3部，共击东突厥。天宝三载（唐玄宗这时改年称载，744），拔悉密攻杀东突厥乌苏可汗，突厥人又立乌苏之弟为白眉可汗。3部以回纥为最强，唐于是册拜回纥酋长骨力裴罗为怀仁可汗，用以敌东突厥。次年（745），回纥攻杀白眉可汗，东突厥余众降唐。东突厥的阿史那王朝，至此为止，它的土地和权威都为回纥所取代。

（2）西突厥

西突厥自射匮可汗于隋炀帝时逐处罗可汗（曷萨那可汗）取得领袖地位后，国势很强。唐高祖武德元年（618），射匮死后，其弟统叶护可汗继立，国势更强盛了。当时西突厥的版图，西至波斯（今伊朗），南接罽宾（今克什米尔一带），东与东突厥对峙。它拥有控弦（拉弓、持弓）之士数十万，于西域石国以北的千泉建立王庭，威服西域诸国，并向他们征课赋税。当时东突厥也正值极盛时期，如果不受西突厥的牵制，对唐的威胁必然更大。唐高祖对西突厥甚为笼络，武德三年（620），双方曾约定于武德五年（622）冬合兵攻东突厥；东突厥颉利可汗大恐，因而与统叶护讲和。贞观二年（628），统叶护被其伯父杀害，此后连年内乱，于贞观十二年（638）西突厥又分裂为东西二部，原来西突厥10个政治区域的“十箭”（又名十姓），由东西分辖五箭，以热海为界。西域诸小国，也分附属于两部。

贞观十五年（641），西突厥西部的沙钵罗叶护可汗被东部乙毗咄陆可汗所击杀。第二年，乙毗咄陆灭西域国家吐火罗（今阿富汗北境），拘唐使者，并进犯伊州（今新疆伊吾县），结果为唐兵所败，乙毗咄陆逃奔吐火罗。他的叶护阿史那贺鲁，原居多逻斯水（今新疆喀喇额尔齐斯河）沿岸，于贞观二十二年（648）率众数千帐归附唐朝，唐朝廷把他安置于庭州（今新疆乌鲁木齐市）。高宗永徽二年（651），阿史那贺鲁拥部众西走，重新统一了西突厥的东西两部。显庆二年（657），唐兵擒获了贺鲁，把今伊犁河、吹河流域的西突厥基本地盘，分置昆陵、濛池二都护府。以突厥酋长阿史那弥射为昆陵都护兴昔亡可汗，管理东部五箭；以阿史那步真（弥射族兄）为濛池都护继往绝可汗，统治西部五箭。至于原来阿史那贺鲁所统多逻斯水沿岸的种落和他所役属的西域诸国，西至波斯，皆设州府，一起置于安西都护府（时设西域龟兹，今新疆库车县）的治下。

高宗龙朔二年（662），继往绝可汗和兴昔亡可汗相继死去，十箭无主，由部酋阿史那都支及别帅李遮匐收拾余众，附于吐蕃。咸亨二年（671），唐朝廷给予阿史那都支官职，以安集突厥余众。调露元年（679），阿史那都支与李遮匐联合吐蕃，侵犯安西。唐军裴行俭计擒阿史那都支，并招降李遮匐，自此西突厥日益衰落。到武曌垂拱元年（685），西突厥西部人众日益离散，唐朝廷以弥射之子元庆袭

碎叶城

兴昔亡可汗，统领东部五箭。次年（686），又以步真之子斛瑟罗袭继往绝可汗，统领西部五箭。当时东突厥值默啜可汗在位，国势正强，西突厥十箭被他侵略以至于死亡殆尽，最后于天授元年（690）由继往绝可汗集结余众六七万人，入居内地，改号竭忠事主可汗。武氏大周久视元年（700），唐朝廷又以斛瑟罗为平两大总管，镇碎叶（今吉尔吉斯斯坦的托克玛克）。武氏长寿二年（693），西突厥别种突骑施的酋长乌质勒，攻破碎叶，把斛瑟罗赶回中国。乌质勒移牙帐于碎叶，西突厥的阿史那王朝至此灭亡，十箭故地遂为突骑施（汗国）所有。既而，唐朝廷封乌质勒为怀德郡王。

中宗景龙二年（708），乌质勒子娑葛自立为可汗，杀唐使者，唐兵战败，娑葛遂攻陷安西都护府所在地的龟兹。次年（709），娑葛遣使请降，唐朝廷封之为钦化可汗，赐名守忠。睿宗景云二年（711），守忠之弟因怀恨所分部落少于其兄，投降东突厥，并作为向导功伐守忠，东突厥默啜可汗遣兵攻杀守忠。默啜兵退后，守忠部酋长苏禄召集余众，自立为可汗，有众20万人。开元七年（719），唐朝廷拜苏禄为忠顺可汗，双方大体相安10余年。开元二十三年（735），苏禄大举入寇。次年，苏禄为唐兵所破，因而投降。开元二十六年（738），苏禄为其部下所杀，其子继立为吐火仙可汗，据碎叶城，仍与唐军相抗。次年（739），唐将盖嘉运发起攻击,将其抓捕。开元二十八年(740),唐朝廷立阿史那昕(斛瑟罗孙)为十姓可汗,以统西突厥余众,但不久便被突骑施杀害。以后10余年,西突厥故地的主人是突骑施。肃宗至德(756—757)以后,突骑施因内乱渐至衰落,唐朝也以内乱无暇过问他们的事,但突骑施酋长有时尚遣使入朝。代宗大历(766—779)以后,突骑施已衰微不堪;而葛逻禄强盛,徙居于碎叶水沿岸(吹河),突骑施乃臣役于葛逻禄,此外尚有他部归附了回纥。

(3)铁勒诸部

铁勒是突厥的北邻,有15个部落,常见于史书的有薛延陀、同罗、仆固、回纥、拔野古等部。他们的主要活动地区,在今西伯利亚及外蒙古北部一带,突厥强盛时,他们臣属于突厥。东突厥颉利可汗时,薛延陀与回纥、拔野古等部一起叛变。当时铁勒诸部中最强大的是薛延陀部,其版图,东至靺鞨(今松花江下游地区),西至西突厥,南接沙碛(今蒙古沙漠),北至俱伦水。

贞观二年(628),唐太宗册封薛延陀酋长夷男为真珠毗伽可汗,一起攻伐颉利。夷男受封后,建牙帐于郁督军山(今蒙古杭爱山北),回纥诸部都臣属于他。颉利死后,他率部落移庭至独逻水(今蒙古土拉河)南的都尉楗山(乌德鞬山,当属今都兰哈拉山），有胜兵20万，其势正强。贞观十三年（639），唐命李思摩率突厥降众徙居“河北”（今蒙古土拉河以北）；太宗并赐真珠可汗玺书，命他与思摩各守疆土，互不侵犯。但到了贞观十五年（641），真珠可汗以30万大军渡沙漠南击李思摩，思摩率众逃入长城。唐派李勣等击破真珠，但李思摩终不敢再回河北。其后真珠连年进贡，并向唐求婚以祈和好，结果未能如愿。

贞观十九年（645），真珠死，其子拔灼继立，是为多弥可汗。多弥猜忌暴虐，不为部人所附。同年，他乘唐伐高丽而南侵，为唐兵大败于夏州。次年，回纥酋长吐迷度乘机与仆固、同罗共击薛延陀，杀多弥。回纥于是占领薛延陀的地盘，并与铁勒其他部落，相继入贡于唐。薛延陀余众7万口向西逃窜，又为唐将李勣等击杀5000人，俘虏老弱3万，薛延陀至此可以说彻底灭亡。唐朝廷并遣使诏谕铁勒诸部，诸部酋长皆请入朝。薛延陀灭亡后，太宗曾有诗以记其事，并把其中的警句“雪耻酬百王，除凶报千古”，刻石于灵州（今宁夏灵武县），以褒扬此事。贞观二十一年（647），唐改铁勒诸部为府州，各以其酋长为都督刺史。诸酋长并请于回纥以南，开一“参天可汗道”（“天可汗”是太宗平东突厥后，西北诸外族君长向他所上的尊号）。置68驿，以便朝献，唐太宗许之。同年，唐置燕然都护府于故单于台（今内蒙古呼和浩特），以统其地。唐的北边，至此名义上算是完全平定。但回纥吐迷度对唐朝廷阳奉阴违，私下里自称可汗，政治组织也一律仿效突厥。

其后回纥与唐朝廷室保持了10余年的和平关系，并曾于高宗永徽时派兵帮助唐朝讨伐西突厥叛酋阿史那贺鲁和高丽。但到高宗龙朔元年（661），与唐亲善的回纥酋长死去，他的侄子比粟毒代领其众，会合同罗、仆固等部前来犯边，唐朝廷派郑仁泰、薛仁贵等伐之。次年，铁勒诸部合众10余万以拒唐师，结果大败。薛仁贵等部北越沙漠，追击余众，但因深入敌境，粮尽遇雪，士卒冻饿而死者甚多，

回纥遗址

薛仁贵等所部14000人，生还者仅800人。至龙朔三年（663），铁勒诸部才完全平定。同年，唐徙燕然都护府于回纥，更名瀚海都护府（后又改为安北都护府，其所在地约在今蒙古库伦附近）。至永徽元年（650）所设的瀚海都护府，则改称为云中都护府，其所在地在今内蒙古呼和浩特。那时永徽初所设的单于都护府已废，唐朝廷乃于麟德元年（664）改云中都护府为单于都护府，管理沙漠以北的所有州府；回纥酋长相继受都督官号，以统理各蕃州。

武曌时期，东突厥势力复强，回纥又臣属于突厥。但回纥本身的力量也十分强大，曾于玄宗开元中期击杀唐凉州都督，切断了安西诸国入长安的通路。唐派兵征讨，回纥退守在乌德鞬山。开元末年，东突厥内乱，唐朔方节度使王忠嗣乃招谕回纥、葛逻禄、拔悉密诸部，一起攻打东突厥。天宝初年，唐封回纥酋长骨力裴罗为怀仁可汗。到天宝四年（745），回纥占领了东突厥故地，它的地盘“东际室韦（今松花江上游一带地区），西抵金山（今阿尔泰山），南跨大漠”，成为当时北方诸部族中的第一强邦。之后回纥与唐的邦交尚属敦睦，双方大体相安达10年之久，直到“安史之乱”时期，回纥又成为唐朝廷平乱和安定局面的一大助力。

2. 唐对西域、西南诸国的用兵

（1）西域

在隋末唐初，西域诸国原是西突厥的臣属。但自贞观十二年（638），西突厥因内乱分裂为东西二部，国力大衰，因此唐朝廷得以乘机经营西域。又因西域各国国小势单，唐朝廷没有费多大力量便把它们收入版图。唐经营西域，可分两个时期：一是太宗时代，二是高宗至玄宗时代。太宗时在西域所辟的土地，仅及今新疆维吾尔自治区的东部和中部，但拓辟西域的基础，则自太宗时期奠定。到高宗时期，唐室向西拓展至波斯（今伊朗），直到“安史之乱”，唐才丧失主宰西域的霸权。

唐太宗在经营西域的过程中，仅与其中较强的高昌、龟兹等国发生过战争，其余的可以说是望风降服。高昌本汉车师王廷旧地，在今新疆吐鲁番一带，地处西域各国入唐的必经之路。唐初，其王文泰在位，与唐室亲善。唐太宗曾赐文泰姓李氏。后来文泰偶有断绝贡道的行为，并勾结西突厥，企图攻击请求内属的伊吾（今新疆哈密），因唐朝廷的切责而止。其后又与西突厥攻破焉耆（今新疆焉耆），焉耆求援于唐，唐太宗乃于贞观十三年（639）遣侯君集、薛万彻等率兵击之。次年（640），文泰忧惧而死，其子智盛继立，向唐投降。

唐把智盛君臣皆迁至京师，而于其地设置西州，并置安西都护府，留兵镇守。最初，西突厥可汗曾遣兵屯于可汗浮图城（今新疆吉木萨尔县），与高昌相呼应，至此也因恐惧投降。唐朝廷又把这片土地划为庭州。

龟兹在高昌西，其地在今新疆库车。唐高祖时，其王苏伐勃驶遣使入朝，其后他的儿子苏伐叠献马于唐，岁贡不绝，但同时也臣属于西突厥。贞观二十一年（647），苏伐叠死，弟诃黎布失毕继立，对唐渐失藩臣礼,并侵略邻国。唐太宗乃派阿史那社尔(突厥人)与郭孝恪等率兵击之，并命铁勒、突厥等部起兵进讨。次年(648),阿史那社尔自焉耆西部引兵进攻龟兹北境，焉耆王薛婆阿那支弃城奔逃，唐师追而斩之，并立其堂弟先那准为焉耆王。继而唐师攻下都城，并追擒布失毕。龟兹相那利潜引西突厥之众及其国兵共一万余人，突袭唐师，击杀郭孝恪，但终为唐师击败。社尔将布失毕送至京师,而立其弟叶护为王,于是西域震骇，诸国相率奉唐。

高宗永徽元年（650），唐以龟兹内乱频仍，酋长争立，乃复以布失毕为龟兹王，命他返国抚慰其众。至显庆二年（657），唐平西突厥，于其地置昆陵、濛池二都护府。大敌既除，唐朝廷遂独霸西域。自龟兹以西，直至波斯，皆设州府，置于安西都护府的治下。

次年，龟兹内乱又起，唐再平之，并徙安西都护府于龟兹。这时唐在西域的威势已达到极点。但好景不长，高宗末年，吐蕃（据今青藏高原）势力强大，时常侵扰安西辖区；而西方的大食（据今阿拉伯半岛）也于此时强大起来，东向发展，侵逼西域。唐在西域开始遇见了劲敌。

玄宗开元末年，大食已进据妫水流域，吐蕃则突入印度河流域，西至妫水上游，与大食联合，挑战唐朝廷在西域的权威，葱岭以西受制于吐蕃而与唐断绝关系的有 20 余国。诸国中，最受吐蕃亲重的是小勃律，它不仅是唐帝国的西方门户，而且是吐蕃与大食通援的要冲。吐蕃并在小勃律西北的连云堡设置重兵，以掩护这些国家。天宝六载（747），唐以高仙芝率步骑 1 万人伐小勃律，以保固安西，并切断吐蕃与大食的交通。高仙芝自龟兹出发，经 100 多天至吐蕃连云堡，发起猛烈进攻，越过坦驹岭，进抵小勃律，掳大胜而回。这次用兵路线的艰险，是中国以往战争中所没有的。因高仙芝的远征胜利，唐帝国在葱岭以外，重振声威，降服的有 72 国。

天宝九年（750），唐朝廷因石国国王车鼻施谋叛，再派高仙芝往讨。车鼻施投降，但高仙芝把他俘至京城，而后将其杀掉了，致使西域各国对唐十分怨恨。次年（751），石国王子远恩向大食借兵以与唐军相对抗，大食援兵与高仙芝所率的蕃汉步骑3万人相遇于怛罗斯，相持了5日，高仙芝部下突厥人叛变，与大食内外夹攻，唐师大败，生还者仅数千人。其后不久，“安史之乱”使唐内部陷于战争之中，唐朝廷对西域的掌控权乃为吐蕃所取代。

（2）吐蕃

吐蕃的国土在吐谷浑西南，主要分布在今天的青藏高原。关于吐蕃民族的来源，中国旧史的说法有两种：一说吐蕃属于西羌种，它是羌族150个种落之一的“发羌”的后裔。这些种落散处在长江黄河的上源以及湟水、岷江的沿岸，后来大致统一于发羌的部酋鹘提勃悉野，他们的子孙自称吐蕃。另一说法，吐蕃是东晋末年南凉国主鲜卑人秃发利鹿孤（秃发乌孤）之后，利鹿孤的儿子樊尼因失国辗转奔窜，在羌中建国，改姓“勃率野”，以“秃发”为国号，因其语讹而称“吐蕃”。

据西藏人自己的历史说，他们是观世音菩萨与一女魔结婚所生的子女6人的后裔；他们的王室，则是印度阿育王的后裔。第一个王是仰赐赞普（赞普是吐蕃的王号），与汉文帝同时，据说他的形貌如鸟雀。仰赐下传31代到弃宗弄赞（西藏人称他为松赞岗普，即松赞干布），是吐蕃第一个与中原王国往来的赞普，他是陈宣帝初年到唐高宗初年那段时期（569—650）的

青藏高原

人。弃宗弄赞时代的吐蕃人，过的是畜牧生活，他们大部分还没有定居，但也建有若干城郭，国都叫逻些城（今拉萨市）。贞观八年（634），弃宗弄赞开始遣使朝贡，唐朝廷也遣人前往慰劳，弄赞向唐求婚，唐室不许。吐蕃怀疑吐谷浑从中破坏，因而发兵攻之，吐谷浑不支，逃奔青海湖以北，领地人畜多为吐蕃所得。继而吐蕃又攻破党项诸羌，拥众20万，进攻松州（今四川松潘县）。贞观十二年（638），唐以侯君集督率诸军讨之，败吐蕃于松州城下。弄赞谢罪，并请求赐婚，唐朝廷这才答应他。贞观十四年（640），弄赞派他的大论（吐蕃的宰相有“大论”“小论”之称）禄东赞献纳聘礼。次年，唐以宗室女文成公主下嫁弄赞，弄赞为她另筑城郭宫室以居住。公主厌恶吐蕃人以红色涂面的陋习，弄赞下令暂时停止；同时他本人也脱去毡裘，改穿唐朝的绸缎，渐渐染上华风。他派遣豪酋子弟入唐学习诗书，并聘请唐朝士人为他典掌表疏。

高宗初即位，封弄赞为西海郡王，不久弄赞去世。其孙继为赞普，因幼弱不能亲政，国事全交禄东赞掌理；禄东赞善于用兵，因而吐蕃雄霸西部。禄东赞死后，其子钦陵等专政，与吐谷浑不和，互向唐朝廷表奏，请唐朝廷主持公道，唐朝廷不予裁夺，吐蕃乃发兵击破吐谷浑。高宗咸亨元年（670），唐以薛仁贵督师往讨吐蕃，不料大败于大非川（在今青海湖以南，共和县境），士卒死伤殆尽。吐谷浑全境陷于吐蕃，其可汗诺曷钵仓皇而逃归属于唐，唐朝廷把他迁到灵州（今宁夏灵武县）。从此吐蕃连年入寇，唐朝廷驻兵洮河以资镇守，但无以制胜，党项诸羌遂尽为吐蕃所并，吐蕃四境开辟领土达万余里，时常联合西突厥来侵夺安西都护府的辖地。调露元年（679），赞普死后，其子器弩悉弄立即位，时年8岁，仍委政于钦陵。次年，文成公主死，吐蕃对唐帝国西陲的寇扰从此变本加厉。

武曌时，吐蕃犯边，十分猖獗。至长寿元年（692），原于高宗时沦陷于吐蕃的安西辖区中的龟兹、于阗（今新疆和阗县）、疏勒（今新疆疏勒县）、碎叶四镇，又为唐朝廷收复，用以牵制吐蕃。吐蕃遣使求和，请示撤销安西四镇戍兵，并请求分割西突厥地盘，武曌不许。不久吐蕃内乱，边境得以暂安。中宗时，吐蕃赞普弃隶宿赞请唐朝廷赐婚，唐以宗室女金城公主嫁给他为妻。

唐玄宗时，吐蕃自恃强大，与唐朝廷的函件用平等称谓，玄宗大怒。开元十五年（727），河西节度使王君奥请旨深入讨伐，恰值吐蕃进犯甘州（今甘肃张掖）焚掠而回，唐将领率军追讨，一直追到青海湖以西，击破吐蕃后军，俘获很多。后来唐将领被回纥杀害，吐蕃攻势强劲，攻陷了石堡城（今青海西宁市西南），并进了一步侵扰河西。开元十七年（729），唐军克复石堡，吐蕃又求和亲，唐朝廷仅赐给它诗书一类的典籍。开元二十九年（741），吐蕃又攻陷石堡。天宝八年（749），唐朝廷派哥舒翰再次夺回石堡，但唐兵牺牲数万人，以致关中的军力大亏。天宝末年，金城公主去世，而吐蕃赞普婆悉笼腊赞于公主死后不久继立，又遣使亲唐。唐也派人答聘，但等使臣回来时，“安史之乱”已爆发。其后唐帝国内部陷于战乱之中，吐蕃乘机占据唐帝国西部的广大地区，成为中唐以后唐朝廷的最大敌人。

（3）吐谷浑、党项和天竺

吐谷浑可汗伏允，自趁隋末之乱恢复故土，占据土地数千里，大致包括今青海省巴颜喀拉山以北及新疆东南等地。伏允从前派往隋朝廷的质子顺，也于唐高祖即位后由江都辗转到长安。高祖曾遣使与伏允谈判，要他攻打李轨，并答应送顺返国。唐太宗时，伏允屡次进犯。贞观八年（634），唐太宗命李靖率侯君集等讨之。次年，唐师败吐谷浑于库山（今青海湖西），伏允轻兵逃入碛中，李靖与侯君集率军分南北两路推进，搜索伏允。侯君集自南路行无人之地2000余里，追及伏允于乌海（今青海湖南），大胜，伏允远逃。李靖率军历经吐谷浑西境，时伏允逃至突伦川（在今青海省西部），靖引兵击破其牙帐，斩首数千，获杂畜20余万头，并俘伏允妻子。伏允逃走，为部下所杀。

伏允败后，其子顺举国降唐，唐朝廷立顺为可汗以统其国。顺因久居唐国，吐谷浑人不附，不久竟为

巴颜喀拉山

部下所杀，致境内大乱。唐又派侯君集率兵赴吐谷浑，立顺的儿子诺曷钵为可汗。贞观十三年（639），诺曷钵入朝，唐太宗以宗女弘化公主婚配予他。贞观十五年（641），吐谷浑丞相宣王专权，阴谋袭击弘化公主，劫持诺曷钵奔吐蕃。诺曷钵闻知，出奔鄯善。接着宣王被唐将杀死，使吐谷浑得以安定。高宗时，吐谷浑经常遭受吐蕃的侵逼，唐朝廷对它未能做到有效的救助，大非川之战后，吐谷浑的领土乃完全为吐蕃所并吞。

党项属西羌种，魏晋以后，十分衰落，至北周，始渐强大。它居于今四川、青海等地的边境交界地区，也就是今积石山黄河上源一带。其全境连亘 3000 里，北与吐谷浑为邻，西与吐蕃接壤。境内山谷崎岖，部落众多，不相统一，而拓跋氏的实力最强。党项人过的是畜牧生活，但大都定居。他们尚武，并重视复仇。他们并没有法令和赋役，也没有文字，只以草木的生长和凋谢来计算年岁。

党项自北周至隋以来，时叛时服，屡为边患。贞观三年（629），党项酋长细封步赖率部内附，其他酋长也相率归唐，唐各于其地设州，以诸酋为刺史。唯有诸酋之一的拓跋赤辞，因与吐谷浑可汗伏允亲善，拒不归附。李靖出兵吐谷浑，厚赂党项使其为向导。等平定了吐谷浑后，拓跋赤辞与唐将李道彦发生冲突，赤辞击败李道彦，唐师死数万人。其后唐连次派人招抚，赤辞才率众归属;唐朝廷封他为西戎州都督，赐姓李氏，从此进贡不绝。河首（黄河发源地）积石山以东地区，乃皆为唐所有。高宗时，吐蕃强盛，拓跋氏为吐蕃所逼，请求内徙，唐朝廷把它的部落迁移于庆州（今甘肃庆阳县）。党项旧地则陷于吐蕃，没来得及迁出的人都受吐蕃役使，党项之外又有黑党项、雪山党项等种落，也都沦为吐蕃的臣属。

天竺也就是汉代的身毒，位于现在印度半岛的北部地区，当时境内列国并立，不相统属。自东汉初年，佛法传入中国，双方渐有交通。汉和帝及桓帝时，天竺多次遣使贡献。魏晋时期，双方隔绝了一段时期。从东晋末至南北朝时期，交通又趋频繁，天竺高僧来华者颇不乏人，东晋时的鸠摩罗什和梁时的菩提达摩，是其中比较有名的。东晋僧侣也有远赴天竺习佛法的，有晋安帝时的法显等。至于这个时期天竺诸国贡使来晋也屡见不鲜。隋统一后,天竺再次断绝与中国的来往，隋炀帝曾命裴矩接待西方诸国，诱其入朝，只有天竺不来，隋炀帝颇为不满。

唐时，天竺共分东、西、南、北、中5部，名为“五天竺”，五天竺属国多至数十个。中天竺都城叫茶镈和罗（在今印度西北部），国主姓乞利咥，一说姓刹利氏。唐高祖时，中天竺大乱，由嗣王尸罗逸多戡定，其他四天竺的君主，都臣服于他。唐太宗贞观初年，玄奘赴天竺取经，尸罗逸多因而有朝唐之意。贞观十五年（641），尸罗逸多自称摩伽陀王，开始向唐遣使朝贡，唐朝廷也遣使抚慰之。二十一年（647），唐派王玄策出使中天竺，其他四天竺也都入贡。不久尸罗逸多就去世了，中天竺大乱，其臣阿罗那顺自立，发兵攻击王玄策。王玄策率从骑30人奋战，全数被擒。玄策乘夜逃跑至吐蕃，发精兵1200人，连同泥婆罗国骑兵7000余，进至中天竺国城，连战3日，大破叛众，擒阿罗那顺，叛众死者及被俘者各1万余人，城邑聚落投降的有580余所。从此天竺震惧，直至唐玄宗时，仍朝贡不绝。此外位于今中南半岛一带的占婆、真腊、扶南等国，以及西南边境诸蛮，也都归诚于唐朝廷。

隋朝护国靖边外交神将——长孙晟

长孙晟（551—609），字季晟，河南洛阳人，北魏上党文宣王长孙稚曾孙、北周开府仪同三司长孙兕第三子。善排兵布阵，且武艺高强，尤长剑术。长孙晟 18 岁时已任司卫上士。其才能最初由杨坚发掘，并得到重用。隋朝建立后，杨坚派遣长孙晟出使突厥，封其为淮阳太守、右骁卫将军。与突厥人交往 20 多年，他凭借出众的谋略守得隋朝北境一方安宁，为促进民族大融合作出了重大贡献。在隋朝历史上，他是著名的军事家和外交家。

大业五年（609），58 岁的长孙晟去世。隋炀帝为失去一员社稷重臣而深表悼惜。贞观年间，长孙晟被唐太宗追赠为“司空”“上柱国”“齐国公”，谥号“献”。其子为唐朝名相长孙无忌，其女为唐太宗的文德皇后。

1. 智破突厥

公元6世纪中叶，南北朝时期，突厥汗国崛起于中国北方，其疆域最广时，东边到达辽河流域和更东的大海，西达中亚里海，北过贝加尔湖。突厥汗国对南北朝时期的中原各王朝构成了严重威胁。北齐的高氏政权、北周的宇文政权均相继屈己求和。北周大象二年（580），北周宇文政权还把一位公主嫁给了突厥可汗。长孙晟以副使身份护送公主前往突厥。在突厥逗留期间，他与突厥可汗沙钵略之弟处罗侯结好，并乘游猎之机，察知突厥山川形势及部众强弱，这是他与突厥交往的

长孙晟像

开始。

北周大象三年（581），北周的权臣杨坚代周建隋。这一年也被称为隋开皇元年。突厥可汗沙钵略得到消息，拟联合突厥的另外两部首领阿波、突利等可汗出兵进攻隋朝，为北周复仇。这时长孙晟已回到长安，并加入隋朝政权。

《隋书·长孙晟列传》载，突厥大军欲南下进犯中原地区，隋文帝杨坚大惧，“屯兵数万以为之备”。

突厥表面上虽然庞大，但是内部派系林立，勾心斗角，互相掣肘，无法统一行动。这就给了隋朝可以周旋的机会。长孙晟就是在这种背景下充分施展自己的军事、外交才能的。

隋文帝因突厥来犯，正在恐慌之际，长孙晟上表言突厥事，建议对突厥“今宜远交而近攻，离强而合弱”，令其“首尾猜疑，腹心离阻，十数年后，承衅讨之，必可一举而空其国矣”。长孙晟在出使突厥时搜集了很多情报，对突厥情况很熟悉，突厥“部众强弱，皆尽知之”。此外，由于他在突厥停留期间与突厥上层人物交往密切，对突厥内部矛盾、分裂的状况十分了解。他知道，突厥貌似强大，实际其内部分崩离析。隋朝只要采取适当策略，就可以化险为夷。他认为对突厥“难以力征，易于离间”。

文帝“省表大悦，因召与语”。长孙晟在被召见和介绍突厥情况时，“口陈形势，手画山川，写其虚实，皆如指掌。上深嗟异，皆纳用焉”。长孙晟的具体步骤是，遣使结好西部突厥的达头、阿波可汗，同时联络东部的处罗侯及奚、霫等部，以扰乱突厥后方，使沙钵略不得不分兵防备左右，从而分化削弱其力量，然后伺机击破之。隋文帝接纳了长孙晟的策略。

2. 瓦解突厥势力

突厥可汗沙钵略率 40 万众攻隋。长孙晟则通过沙钵略之侄染干诈告沙钵略说，铁勒（突厥一部）等部反叛，欲袭其牙帐。沙钵略恐慌，只好退兵。隋开皇三年（583），隋出兵大举反击突厥，沙钵略、阿波等均战败，长孙晟乘机说服阿波联结达头归附隋朝。随后突厥内乱，相互攻战不息。

开皇四年（584），长孙晟又任副使，随尚书右仆射虞庆则出使突厥，进一步密切了同所结交的突厥上层人物的关系，回朝后被任命为左勋卫车骑将军。开皇五年（585），沙钵略上表向隋称藩，隋北部边患基本消除。开皇十四年（594），突厥都蓝可汗（沙钵略子）向隋求婚。长孙晟知其反复无信，势强后必反，建议朝廷拒婚。不久，长孙晟又建议将公主嫁与处罗侯之子突利可汗（即染干），利用突利对付都蓝。开皇十八年（598），都蓝出兵扰隋，突利先来告知，隋边境预有准备，都蓝未能得逞。开皇十九年（599），突利被都蓝、达头击败，长孙晟引突利入朝，隋封之为启民可汗。不久都蓝为部下所杀，长孙晟奏请朝廷，建议令启民可汗部下分道招慰都蓝的部众，其众皆归附。开皇二十年（600），长孙晟率突厥降人为秦州行军总管，受晋王杨广节度。突厥的达头可汗调集大军准备与隋朝廷为敌。长孙晟奉命随晋王杨广出兵征讨，在大斤山附近与突厥相遇。他采用毒污水源之计，迫使突厥军夜遁，并追斩1000余人。仁寿元年（601），长孙晟任受降使者，协助隋行军元帅杨素，支援启民可汗北击达头。次年，长孙晟同大将军梁默一起击退拒隋的

雁门关

突厥思力俟斤等，突厥军多降。仁寿三年（603），铁勒等10余部皆叛达头转降于启民，达头西奔，启民尽得其众。随后多年，启民与隋一直保持亲善。隋炀帝即位后，长孙晟拜左领军将军。当时并州总管汉王杨谅起兵造反，隋炀帝任长孙晟为相州刺史，发山东兵马，与上大将军李子雄共同讨伐杨谅。平定杨谅后，长孙晟转任武卫将军，后为右骁卫将军。

大业五年(609),长孙晟因病去世,终年58岁。后来,突厥骑兵南下侵犯隋朝，一直打到雁门关（今山西代县西北）附近。隋炀帝杨广得报，叹息着说："向使长孙晟在，不令突厥至此！"(《隋书·长孙晟列传》)

3. 解除突厥威胁

长孙晟一生同突厥交往达20余年，善于因机制变，为保持隋朝北境安宁作出了重大贡献。

按照长孙晟的设计，隋朝对突厥各部实行利用矛盾、分化瓦解、远交近攻等策略,无不奏效。如《隋书·长孙晟列传》写的"反间既行，果相猜贰"，再加以军事配合，突厥内部分裂之状愈来愈明显。

策略设计虽好，还需要一步一步努力贯彻实行。长孙晟本人不辞劳苦，频繁出使突厥，在外交第一线亲自推行这一策略。隋开皇二年（582),突厥分裂为东、西两部，实力大为衰弱，无力与隋抗衡。又经过了10年的努力，使东西突厥相继向隋称臣，终于解除了突厥对隋的威胁。

长孙晟向隋文帝所献智谋，为隋王朝制定针对突厥的正确策略提供了有力保证，对隋朝政权的稳定起到明显作用。实践证明，这一计策是成功的。

延伸阅读

隋唐时期西域音乐的传入

隋唐时期，中国政治稳定，经济繁荣，中国文化也达到一个高峰时期。以此为基础，再加上对待外来文化的兼收豁达，隋唐王朝与各国各民族文化的交流日益兴盛，表现在音乐方面，则是边远地区各少数民族和邻国各民族的音乐艺术，相继传入中原地区，并得到广泛的发展，成为中原文化不可或缺的一部分，其中尤以西域音乐为最。

西域音乐之所以能传入中原并得到推广，原因是多方面的。首先，隋唐王朝要有足够的经济实力，才能支付音乐团体的巨大开支，这是经济基础；其次，隋唐王朝各皇室的血缘关系使得他们易于接受来自西域的音乐，如唐高祖母亲是元贞皇后，出身于独孤氏，这一血统与匈奴族有很大联系；最后，隋唐王朝各皇室的祖籍居住地与西域有着类似的文化、地理背景，这也促成了西域音乐的传播。如唐高祖李渊是成纪（今甘肃安北）人，祖籍则在狄道（今甘肃临洮），均属陇西地域，与西域的文化背景极为类似，语言、文化、生活习惯有很多相通之处，故接受西域音乐自然在情理之中。

西域音乐在中原地区的传播，并与中原旧有的汉族传统音乐相融合，最后被官府以乐部的形式加以确认。依时代不同，被确认的乐部数目也有所不同，如隋朝开皇初年是7部乐，到大业中年则为9部乐，唐王朝武德初年为9部乐，到贞观十六年（642）则扩展到10部乐。这里所说的乐部的数量是指当时官府确认的乐曲的数量。大致有燕乐、清商乐、西凉乐，等等。其中有的乐部承袭自中原旧有的传统音乐，而大部分则是来自于西域音乐，如唐贞

盛彦师像

观十六年（642）的 10 部乐(燕乐、清商乐、西凉乐、高昌乐、龟兹乐、疏勒乐、康国乐、安国乐、天竺乐、高丽乐)中，除清商乐为中原旧有，高丽乐来自东方邻国外，其余 8 部都是来自于西域音乐，其中又以龟兹乐对中原音乐的影响最大。

西域音乐在中原体现的具体曲目，有《霓裳羽衣》和《秦王破阵乐》。《霓裳羽衣》是唐玄宗在西凉节度使杨敬述所献的《婆罗门曲》的基础上加以润饰而成的，情调幽雅清丽，着力渲染虚无缥缈的天外世界。全曲分三大部分：散序（6 小段）、中序（18 小段）和入破（12 小段）。《秦王破阵乐》也是唐代大型宫廷乐舞，讲述秦李世民打败叛将刘武周，百姓为之欢呼的故事。

西域音乐在中原的传播，使得唐代宫廷音乐带有浓郁的西域地方色彩，强烈地震撼了中原旧有的音乐传统，极大地影响着后来的中华音乐文化的发展。

盛唐时期的中外文化交流

唐太宗时，对外交流活动十分活跃。据唐初统计，来自东南亚、西域、中亚以至波斯、罗马的使节、留学生、商人等集于洛阳一地的就有 1 万多家。唐太宗实行开放的文化政策，兼收并蓄外来乐舞技艺，促进了各民族和中外的文化交流。

盛唐的全部乐舞之中，有一半是中国少数民族和外来的节目。如印度的“三棒鼓”“苦行术”，东南亚的“球技”，朝鲜的“幻术”等都很有特色。而中亚一带的“胡旋”更像旋风似的遍及朝野。

盛唐时期教坊的胡旋队伍十分庞大。经常由几百名身穿宫装、面貌姣好的女子组成队列表演，她们站在圆球上，来往进退腾踏自如，变化着各种队形，时而举袖扬手旋舞，时而迂回宛转，几百只木球滚动起来发出雷鸣般的响声，气势浩大，蔚为壮观。当时上至宫廷女娥，下至民间百姓都喜欢这项技艺，许多人都会踩球，唐玄宗的宠妃杨玉环、“安史之乱”的罪魁祸首安禄山都精于此技。

在吸收外来乐舞的同时，中华民族的文化也传向四面八方，如对东邻日本，就产生过较深的影响，不少乐舞杂技甚至流传至今。当时流行的力技、叠置伎、舞狮子等都先后传到日本。他们把这些节目称为“猿术”，或干脆叫它“外术”，说明是外国传来的。

至今保存在日本的一些文物，更是中日杂技交流源远流长的极好见证，例如日本正仓院珍藏着唐代弹弓，是至德元年（756）即肃宗登基的一年，唐肃宗赠送给日本的，日本皇室捐赠给日本庙宇东大寺的珍宝之一。弓背上用油漆画满了杂技表演盛况，其中有两组“顶竿”和两组“叠罗汉”表演，说明唐代散乐中的典型节目顶竿、武术等已在日本流传开来。《唐舞绘》(又名《信西古乐图》)是日本艺术界一再临摹保留下来的唐代乐舞百戏图，其中描绘着更多的杂技节目如"吞刀""吐火""扔球""走索""抑肩倒立""三童重立""入壶舞""舞狮子"等。这些节目不仅传到了日本，而且得到了保留和发展，为中外文化交流做出了贡献。

三使天竺的大唐御使——王玄策

王玄策，其生卒年已不可考，河南洛阳人，唐朝官员、著名的外交家。曾做过县令，后官至朝散大夫。唐初，曾以唐朝使节的身份三访印度（一说四赴印度）。唐贞观十六年（642），北印度使节来访唐，第二年，王玄策以副使节身份回访印度。贞观二十一年（647）王玄策作为正使再次访问印度，正遇上印度发生王位篡夺事件，全印度陷入一片恐慌混乱中。篡位的新王阿罗那顺得到大唐使节入境的消息，立即派兵马半路伏击，王玄策身陷牢狱中，其余兵将全部遇难，后被扣押的王玄策侥幸逃脱，发誓要踏平印度以雪使节被擒之耻，并创造了“一人灭一国”的传奇战绩。唐太宗大喜，封其为朝散大夫。显庆二年（657），王玄策第三次任印度使节，访问印度各地，还曾前往摩诃菩提寺参拜。他将自己在印度的旅行记录在册，著有《中天竺国行记》一书，可惜完本早已经失佚，只残存载于《法苑珠林》《释迦方志》中的篇章。

1. 三次出使天竺

说起古代中国与印度的交往，人们马上就会想起唐玄奘，而对与唐玄奘基本同时期的王玄策则知之较少。其实与唐玄奘一样，王玄策也是古代中国与印度交往史上的一个非常重要的人物。如果说唐玄奘是唐代僧侣舍身西行求法的典型的话，那么王玄策则是古代官方使节的突出代表，在唐朝与古代印度（唐称天竺）诸国交往的历史上占有重要的地位。

唐朝初年，是中国古代对外交往的大发展时期，王玄策出使天竺诸国的活动，就是唐太宗外交活动的重要组成部分。在唐太宗贞观十七年（643）至唐高宗显庆年间（656—661），王玄策曾三次出使天竺，对唐朝对外交往和古代中国与印度的友好关系作出了重要贡献。王玄策将其前后出使的经过写成了《中天竺国行记》一书（或称《西国行传》），文字部分 10 卷，图 3 卷。到宋代时这部书就散佚了。唐高宗麟德三年（666），唐朝官方曾在王玄策和唐玄奘有关著述的基础上，修撰了《西域志》（或称《西域图》）一书，全书100卷，文60卷，图40卷，不幸的是，该书也在宋时散佚。《旧唐书》和《新唐书》都没有为王玄策立传，他的事迹散见于唐代僧传转引《中天竺国行记》《西域志》两书的内容及官书的零星记载。

王玄策第一次出使天竺是贞观十七年（643），这时唐玄奘已从天竺诸国返回我国西域境内，在和田等候朝旨，准备东返长安。此前，当唐玄奘到达中天竺摩伽陀国时，曾向国王尸罗逸多（戒日王）详细介绍唐朝的情况。尸罗逸多于贞观十五年（641）派遣使节入唐，希望与唐朝建立友好关系。唐太宗命令云骑尉梁怀璥持节抚慰，出使天竺，尸罗逸多再次派遣使节随唐使梁怀璥入朝。贞观十七年（643）三月，唐太宗再命卫尉丞李义表为正使，率随从22人，送天竺使节返国。这时王玄策任融州黄水县（今广西融水苗族自治县西）县令。他作为梁怀璥的副使，随同唐朝使团出使天竺。同年十二月，使团抵达摩伽陀国，游历天竺各地，并于贞观十九年（645）正月二十七日在著名的灵鹫山勒铭留念；同年二月十一日，又“奉敕”在摩诃菩提寺立碑，两篇铭文现存于《法苑珠林》一书中。一直到贞观二十年（646），王玄策才与唐朝使团一起返回长安。王玄策第一次出使天竺，前后历时4年左右，往返都经过泥婆罗国（今

摩诃菩提寺

尼泊尔）。

贞观二十一年（647），王玄策作为正使，率副使蒋师仁等30余人再次出使天竺诸国。这次当使团到达中天竺时，恰恰碰上摩伽陀国王尸罗逸多去世，摩伽陀国大臣阿罗那顺发兵拒斥唐使，并劫夺其他天竺诸国献给唐朝的贡物。王玄策率领的使团随从人员悉数被俘，他本人则逃奔到了吐蕃国。王玄策在吐蕃国征发了1200人的精锐部队，又调发泥婆罗国7000骑，返回中天竺，攻打阿罗那顺。经过激战，生擒阿罗那顺，斩首3000余级，俘虏1.2万人，获牛马3万头，于贞观二十二年五月庚子（648 年 6 月 16 日）将阿罗那顺带回了长安，王玄策本人也因功被拜为朝散大夫。第二次出使历时两年。

唐高宗显庆二年（657），唐高宗第三次派遣王玄策出使天竺，送佛袈裟。1990 年 6 月在西藏日喀则地区吉隆县县城以北约 4.5 千米处阿瓦呷英山嘴发现的摩崖石刻《大唐天竺使出铭》，明确记载“显庆三年（658）六月”，左骁卫长史王玄策经“小杨童之西”出使天竺的经历，为王玄策的出使活动增添了新的实物证据。显庆五年（660）九月二十七日，王玄策一行到达摩诃菩提寺，十月一日离开此地返唐。《法苑珠林》卷二九在谈到唐朝供奉的佛顶骨时，明确记载，“至大唐龙朔元年（661）春初，使人王玄策从西国将来，今现宫内供养”。则王玄策到达长安的时间应在唐高宗龙朔元年（661），这次出使历时 5 年之久。

2. 促进中印交流

王玄策的出使活动大大推动了唐朝与天竺的文化交往。这首先表现在促进双方思想文化的了解与交流。王玄策一行在第一次出使时，在天竺国刻写碑铭，宣扬“大唐之淳化”，促进了天竺各地对唐朝的了解。更可注意的是，王玄策还着意在天竺宣传道家传统经典

《道德经》。据王玄策与李义表第一次奉使归来时向太宗的报告称，唐使途经迦没路国时，发现这里除了信佛，“外道”也很兴盛，于是对其国王童子王说，中国在佛教未流行前，就已有道家经典在民间广泛传布，道经如果传到迦没路的话，这里必定也会信奉。童子王于是请求得到老子像与《道德经》。太宗令玄奘与道士蔡晃、成玄英等30余人一起参详，将《道德经》翻译为梵文，“奘乃句句披析，穷其义类，得其旨理，方为译之”。此事虽因佛、道信徒相互争论不决而中辍，但它的确是古代中印思想文化交流的重大事件。

王玄策的出使活动还促进了唐朝与天竺的文化艺术交流。第一次奉使时，玄策带画工宋法智等同行。法智等人在天竺专门从事临摹佛像的工作，“巧穷圣容，图写圣颜，来到京都，道俗竞模”，在长安引起了轰动。宋法智不仅画艺精湛，而且工于雕塑，据《大慈恩寺三藏法师传》记载，唐高宗麟德元年（664），唐玄奘临终前设斋，“命塑工宋法智于嘉寿殿竖菩提像骨”。王玄策从天竺带回的佛像范本不仅被广泛“模写”，而且被收藏于宫禁之中。又据《历代名画记》记载，唐东都洛阳敬爱寺佛殿内雕塑菩提树下弥勒像，是在麟德二年（665）“自内（指宫廷——引者）出王玄策取到西域所图菩萨为样”，并由王玄策本人亲自指导贴金。在佛像摹本广泛传播的同时，古代印度的绘画、雕塑技法也随之流布到了唐朝社会的各个阶层。

人们习称的“方丈”一词，就是来源于王玄策的出使活动。据《释迦方志》记载，天竺吠舍厘国宫城西北六里寺塔，是说净名处，寺东北有塔，是净名故宅基,多灵迹,其舍由砖砌成。“近使者王玄策以笏量之，止有一丈，故方丈之名因而生焉。”

《法苑珠林》引王玄策《西国行传》记载了他第三次出使时显庆四年（659）在婆栗阇国受到的隆重接待。婆栗阇国王为唐朝使团安排了种种精彩的杂技表演。“王为汉人设五女戏，其五女传弄三刀，加至十刀。又作绳技，腾虚绳上，著履而掷，手弄三仗刀檐枪等。种种关技,杂诸幻术截舌抽肠等,不可具述。”我们知道，中国古代的杂技和幻术都曾受到中亚、西亚乃至欧洲的强烈影响，王玄策等人在天竺见到的惊险的绳技跳剑表演和魔术表演，为我们了解盛唐时代绳技、魔术的兴盛提供了重要的参考资料。

不仅如此，王玄策的出使活动还对唐朝与古代印度及周围地区的物质文化交流起了积极的推动作用。《旧唐书·西戎传》记载，王玄策第一次出使归来时，国王尸罗逸多遣使献“火珠及郁金香、菩提树”。《法苑珠林》也称，王玄策第三次出使到达摩诃菩提寺时，寺主戒龙为唐使设大会，“使人已下各赠华毡十段并食器，次申呈使献物龙珠等，具录大真珠八箱，象牙佛塔一，舍利宝塔一，佛印四”。许多古代印度物产就这样随着唐使传到了唐朝境内。在日用生活中起着重要作用的蔗糖，也与王玄策的出使活动直接相关。据《续高僧传》记载，戒日王与唐朝通使，“使既西返，又敕王玄策等二十余人，随往大夏，并赠绫帛千有余段。王及僧等数各有差，并就菩提寺僧召石蜜匠，乃遣匠二人、僧八人，俱到东夏。寻敕往越州，就甘蔗造之，皆得成就”。“石蜜”就是蔗糖。印度制糖法的传入对我国糖业的发展起了重要的作用。通过以上记载，我们知道不仅蔗糖随王玄策的出使而传到了唐朝，唐朝的“绫帛”也被王玄策等人大批携往天竺。

王玄策的出使活动，还推动了沿途国家或地区与唐朝的物质文化交流。如王玄策于贞观十七年（643）第一次出使天竺，贞观二十年（646）返回长安途中经过泥婆罗，曾受到其国王那陵提婆的热情接待。次年（647），泥婆罗国遣使入献波稜菜、酢菜、浑提葱等物产。泥婆罗国与唐朝通使，显然与王玄策的外交活动有密切关系。“波稜菜”就是今天的菠菜，直到现在仍是人们最常食用的蔬菜之一。

至少在唐代以前，中国古代对外物质、文化交流主要是通过官方使节、求法僧人和商人进行的。王玄策的出使活动，对中印文化交流的许多方面都作出了重要的贡献。

延伸阅读

隋唐时期的贸易与文化交流

1. 丝绸商品出口

唐代的丝绸，仍承前代循陆、海两路输往东西方各国。在唐代的对外贸易中，丝绸不仅是官方贸易中的赠品或回赠品，亦是民间贸易中的重要商货。虽然丝绸易腐蚀，保存性能远不及瓷器，但在贸易往来中，丝绸往往同瓷器并行，皆成为东西方各国渴求的精品。

唐代同历代一样，其输出的丝织品博得了东西方各国的称赞。当时在日本，唐代的丝绸精品不仅被用于供奉，还成为天皇颁赐本国官吏的珍物。迄今，在日本的正仓院还保存着图案精美的唐锦。阿拉伯人则对中国丝绸倍加珍视。《中国印度见闻录》卷二记载，唐代一阿拉伯富商同广州一宦官谈话，该富商透过宦官的丝绸衣服见其胸口上长一黑痣，颇为惊奇。宦官看出了他的心意，便伸出手臂让他数自己所穿衣服的件数。数过之后，方知是5件之多。而这种丝绸是未经漂白的生丝制作的，总督穿的丝绸，比这还更精美，更高级。中国丝绸还改变了一些国家的习俗。例如，唐代的骠国（今缅甸）人，信奉佛教，“以蚕帛伤生不敢衣”。但到后来，“妇人当顶作高髻，饰银珠琲，衣青娑裙，披罗段……”

唐代丝绸

中国丝织技术早在唐代之前就传往东西方诸国，他们在吸收中国丝绸文化的基础上各自发展了具有民族特色的丝织业，并反馈流向唐朝。于是，积极吸取域外各国丝织技艺的特色，成为唐代丝绸文化交流的一个方面。早在南北朝时，滑国就转贩波斯锦至中国。《梁书·滑国》载称：“普通元年（520），又遣使献黄师子、白貂裘、波斯锦等物。”隋代，波斯向中国赠送金绵锦袍。正如《隋书·何稠传》所载：“稠博览古图，多识旧物。波斯尝献金绵锦袍，组织殊丽，上命稠为之。稠锦既成，踰所献者，上甚悦。”可见，唐代之前，波斯丝织品已反馈输入中国，不久，其仿制品亦应运而生。至唐代，情况依旧，出土实物为此提供了有力的依据。在隋唐时期的墓葬中，发现了一些具有典型波斯萨珊朝纹锦式样的中国丝织品。日本正仓院收藏的部分唐锦，其图案设计也明显地受到萨珊风格的影响。这是为满足输出的需求而吸取了域外的艺术风格。同时，在丝织工艺上，也采用了中亚和西亚在纬线上起花的新技术。日本的丝织品，也不断输入中国。日本史籍《延喜式》卷三十《大藏省》记载了遣唐使出发前日本政府颁发给各级人员数量不等的绢、绵、布等物。日本来唐的留学生和学问僧，正是用这部分丝织品充作"学问粮"的。日本遣唐使也用这些丝织品和其他土特产品同中国商人进行交易。于是，流入唐朝的日本丝织品为数可观，并博得了唐人的赞许。其中，珍珠绢颇具特色，深受唐人的欢迎。

公元 8 世纪，正是唐朝与阿拉伯交往的繁荣时期，中国的丝织技术随之传入阿拉伯国家。公元 751 年，怛罗斯战役之后，被俘的中国织匠、络匠到达了两河流域。杜环在其《经行记》中记载了当时在库法的中国工匠有："绫绢机杼、金银匠、画匠。汉匠起作画者，京兆人樊淑、刘泚。织络者，河东人乐陵、吕礼。"从此，在西亚织造锦缎等高级丝织品的手工业迅速发展起来，并办起了宫廷作坊和官府作坊，生产"兑拉兹"等供王室和上层使用的丝织物。"兑拉兹"是指绣出或织出哈里发名字或苏丹名字，供缝制帝王御用袍服或赏赐有功大臣的荣誉袍服的织物。其后，欧洲所需之丝绸品种，有相当部分也取自阿拉伯。

2. 瓷器文明传到国外

唐代瓷窑有20多个，以邢窑（河北内丘县）、越窑（浙江余姚县）、昌南窑（江西景德镇）、邛窑（四川邛崃县）、定窑（河北曲阳县）、潮州窑（广东潮州）最为著名，其产品亦最多。自8世纪起，唐代越瓷（青釉瓷）的出口标志着中国瓷器的外销进入了一个新阶段。中国瓷器以造型精巧、色彩绚丽、风格别致博得了世界各国的珍视，他们称中国为“China”（瓷器），即“瓷之国”。唐代瓷器，沿陆海两途输往东西方各国，给他们带去了文化、科技和美的享受。

朝鲜半岛发掘出的唐、五代时期的瓷器，是唐瓷流入该地区的明证。例如，今韩国庆州附近朝阳洞出土了一件完整的唐三彩三足鍑，其造型彩斑同扬州出土的极其相似。他们模仿“唐三彩”，烧制成“新罗三彩”，并于吴越天宝十一年（918）在全罗南道的康津等地设窑，仿造中国越窑青瓷器，被称作“新罗烧”，或“翡色”瓷器。

唐朝是中日交通贸易往来的活跃时期，中国瓷器大量输往日本。迄今，日本已发掘出“唐三彩”、越窑青瓷、邢窑白瓷和长沙窑瓷。“唐三彩”于盛唐时即流入日本，在奈良、福冈等地均有发现。越窑青瓷，在日本近50处遗址中被发现。长沙铜官窑器，于中晚唐时期大量输往日本，在今奈良、京都、九州的博多湾和久留米、种子岛，以及日本最西端的西表岛等处的寺庙、居民遗址和古墓中曾有发现。唐代邢窑和昌南窑的瓷器，在日本的奈良、京都、福冈等十多处官衙、寺庙和坟墓中出土。

唐代瓷器流入日本，对其陶瓷业的发展产生了深刻的影响。“唐三彩”一经同日本人见面，就博得了他们的高度赞赏，但因供不应求，日本政府特下令进行仿造。其仿制品在造型、釉色、花纹和风格上，都近似“唐三彩”，被称作“奈良三彩”；又因大部分仿制品入藏于正仓院，并保存至今，故而又被称作“正仓院三彩”。随着越窑瓷器、长沙窑瓷器和南北窑系白瓷被大量输往日本，烧窑技术亦同时流入。至9世纪末，日本利用越窑烧制技术改进窑炉结构，连窑具也模仿唐、五代造型。爱知县的猿投窑（日本古名窑）仿制的越窑青瓷，无论造型、釉色和装饰手法，均同越窑产品相似。

马来半岛和马来群岛各古国，均为唐代瓷器的输入国。出土实物告诉我们，马来西亚吉打的江湾（古称卡塔哈）出土了唐绿釉瓷器；柔佛河流域古遗址见有唐青瓷残片；彭亨州的哥拉立卑附近金矿发掘出唐四耳青瓷樽；新加坡国家博物馆收藏有柔佛的卡达丁几和麻拉出土的为数众多的越州青瓷。印度尼西亚玛朗南郊的遗址和墓葬中，发现有长沙窑的褐斑螭柄执壶，类似的器物在爪哇也有出土。南苏拉威西见有唐凤头清水壶。此外，在南苏门答腊、峇里、中爪哇等地均发现唐代瓷器。文莱亦发现一唐青釉两耳樽，同福建安溪唐墓出土的随葬瓷樽相似。菲律宾出土的中国瓷器，为东南亚地区之冠，属唐、五代时期的虽不多，但分布却很广。唐瓷出土的地点有巴布延群岛、伊罗奇与冯牙丝兰海岸、马尼拉一带、民都乐岛、保和岛、宿务岛和卡加延苏禄岛等。

唐瓷还输往南亚各国，在今印度、巴基斯坦和斯里兰卡都曾发现唐瓷的地下实物。印度南部迈索尔邦博物馆藏有晚唐、五代时期的越窑青瓷和长沙窑瓷；印度南部科罗曼德海岸的古港遗址出土了唐末、五代越窑青瓷碟残片。巴基斯坦卡拉奇东南的斑波尔古港遗址出土了晚唐越窑水注和长沙窑黄褐釉上绿彩花草纹碗残片。

唐瓷沿陆、海两途还流向西亚的波斯和阿拉伯。波斯湾的古西拉夫港（今塔黑里），出土了大量中国陶瓷片，最早的是中晚唐时期的越窑青瓷和邢窑白瓷。在今伊朗东北部霍腊散省古丝路必经之地的内沙布尔遗址，发现有晚唐越窑深腹碗、长沙窑彩绘罐以及邢窑白瓷盖罐的残片。德黑兰南面的赖依遗址，出土了唐、五代越窑系青瓷和长沙窑彩绘盘。此外，在伊朗还出土了“唐三彩”。伊朗人是善于汲取外来文化的民族，他们从唐瓷中得到了启发，仿制了“波斯三彩”和白瓷。内沙布尔、里伊、阿莫勒、阿格罕等地都曾发现仿“唐三彩”的陶器。

唐三彩花瓶

据希提《阿拉伯简史》记载，8世纪中叶至9世纪中叶是阿拉伯阿拔斯王朝的全盛时代，其首都巴格达，“市场上有从中国运来的瓷器，丝绸和麝香”，“城里有专卖中国货的市场”。三上次男的《陶瓷之路》亦记载说，巴格达东南的帖尔·阿比鲁塔，是阿拔斯王朝繁荣的城市遗址，在此发现了成品于9—10世纪期间的褐色越窑瓷和华南白瓷残片；巴格达北面，底格里斯河畔的萨马拉遗址，发现了大批唐制或仿“唐三彩”式的碗和盘、绿釉和黄釉罐的残片，以及晚唐和五代时的白瓷和青瓷残片等；巴格达阿拉伯博物馆收藏有萨马拉遗址出土的唐、五代的越窑瓷；西柏林达累姆博物馆也收藏有该遗址出土的成品于9—10世纪期间的越窑瓷和白瓷碗的残片。

唐瓷还输往非洲。埃及开罗南郊的福斯塔特古城遗址，在出土的六七十万个残片中竟有12000块中国陶瓷碎片，其中最早的有唐、五代的“唐三彩”、越窑青瓷和邢窑白瓷，以越窑青瓷居多。埃及人一方面输入中国瓷器，一方面大量生产仿制品。据估计，福斯塔特遗址中出土的埃及本地生产的陶瓷中，70% ~ 80%是中国陶瓷的仿制品。此外，红海岸边苏丹境内爱札布遗址，非洲东海岸坦桑尼亚的基尔瓦岛等也都发现了唐、五代瓷器的地下实物。中世纪时期的开罗居民，几乎家家户户都普遍使用质地优良的中国瓷器。埃及人还称瓷器为“绥尼”，意为“中国的”。

由此可见东西方各国对中国陶瓷文化的向往，以及中国陶瓷文化对世界文化作出的巨大贡献。

3. 伊斯兰教传入中国

唐代，中国同大食国（指阿拉伯人建立的伊斯兰帝国）来往很频繁，客观上为伊斯兰教的传入提供了契机。当时两国来往的陆路，可经波斯、阿富汗、西域，从西北地区进入长安，即沿古代“丝绸之路”而来；海路可经波斯湾、阿拉伯海、孟加拉湾、马六甲海峡到达我国南部沿海的广州、泉州等地，即沿古代“香料之路”而来。据载，仅在唐永徽二年至贞元十四年间（651—798），大食国遣使臣来华朝贡就约达 37 次。

唐高宗永徽二年（651），大食国派使节来长安朝贡，被史学家视为伊斯兰教正式传入中国的标志。其实，阿拉伯人来中国沿海与边远地区进行商业贸易，并建清真寺做礼拜，也许更早一些。

唐贞元三年（787），李泌检括长安胡客达 4000 人，其中以阿拉伯和波斯人最多。伊斯兰教是阿拉伯国家的国教，这些来华的阿拉伯使节、商人、旅行家、航海家便是使伊斯兰教传入中国内地和沿海的媒介。其中许多在中国定居并娶妻生子的“五世蕃客”“土生蕃客”成为中国最早的伊斯兰教徒。他们往往在沿海城市相聚而居，居地称为“蕃坊”，他们的宗教风俗受到政府和当地人的尊重。虽然没有史料证明他们曾另立有礼拜寺，但既有共同信仰，又在一起聚居，必有相应的宗教生活。他们长期处在中国人之中，与中国传统不免会相互影响，相互渗透。清代以来，伊斯兰教中国化就是一个伊斯兰教与中国固有文化相融合的结果。

天宝十年（751），唐朝与大食为争夺中亚昭武诸国发生争战，唐军失败，不少兵士被俘到大食国，杜环就是其中之一。他在大食等地居住10余年，回国后作《经行记》一书，对阿拉伯的伊斯兰教有切身的观察和记载，使中国人进一步熟悉了伊斯兰教。

天宝十四年（755），唐朝廷为平定“安史之乱”，向回纥、大食借兵。唐与大食两国士兵间的交往更加推动了伊斯兰教的传播。伊斯兰教在中国唐代的传播，不像佛教和景教，直接由僧侣和教士携经而来并得到统治者的认可和竭力扶持正式建寺收徒传经，它有自己的特点。伊斯兰教在中国初传中主要借助于使节、商贾、游客等媒介，中国与大食经济上的交往，是伊斯兰教传入中国的最重要的渠道和载体。两国的少数军人也为此作出了一定贡献。

唐时，伊斯兰教在中国的信徒绝大部分是侨居中国的阿拉伯人及其后裔，尚未在中国本土产生多少影响，因此极少有纯中国血统的信徒。由于没有受到贵族和社会的高度重视，伊斯兰教的传播范围很狭窄，但这也正好易于保存自己。教徒们在激烈的社会斗争中能把伊斯兰教信仰作为自己内部的生活方式和风俗代代相承，他们没有向外传教扩张的野心，避免同中国儒、佛、道三教以及社会的其他政治势力发生碰撞纠葛，特别是避免了唐武宗会昌五年（845）“灭佛”

时，对外来宗教的一并打击，使伊斯兰教以“大食殊俗”得以保存，并流传至今，逐步在吸收中国传统文化的过程中，形成了中国伊斯兰教的特色，完成了伊斯兰教的中国化进程。

唐蕃友好的推动者——文成公主

文成公主，其生卒年不可考，唐朝宗室女。历史上对其汉名没有记载，吐蕃尊称其为“甲木萨”，意为“汉代女神仙”。唐贞观十四年（640），唐太宗李世民封她为文成公主，第二年嫁于吐蕃赞普松赞干布为王后。自此，唐蕃结为姻亲之好，200年间，凡新赞普即位，必请唐天子“册命”。

松赞干布与文成公主的姻亲极大地促进了中原与吐蕃友好关系的发展，使臣和商人来往频繁。倾慕中原文化的松赞干布脱掉毡裘，改穿绢绮，并派吐蕃贵族子弟到长安读书，学习国学。

贞观二十三年（649），唐太宗李世

民去世，高宗李治继位后，派遣使者到吐蕃告哀，并授松赞干布“驸马都尉”，封“西海郡王”。松赞干布派人去长安吊祭太宗，献金15种供于唐太宗墓，并上书表示对唐高宗的祝贺和支持。

文成公主像

1. 和亲的美丽传说

唐贞观八年（634），吐蕃赞普松赞干布派遣使者访唐，唐太宗又派遣冯德遐回访吐蕃。松赞干布再次遣人到唐朝，提出要迎娶一位唐朝公主，一开始遭到唐太宗的拒绝。由于当时吐谷浑王诺曷钵也入唐朝见，吐蕃特使回来后便告诉了松赞干布，声称唐朝拒绝这个婚约是由于吐谷浑王从中作梗。

唐贞观十二年（638），松赞干布便借口吐谷浑从中作梗，出兵击溃吐谷浑、党项、白兰羌，直逼唐朝松州（今四川松潘），扬言若不和亲，便大举进攻唐朝，后被牛进达率领唐军先锋部队击败。由于害怕，松赞干布退出吐谷浑、党项、白兰羌，遣使谢罪，并再次请婚，他派大使噶尔禄东赞携带黄金5000两及相等数量的其他珍宝来正式下聘礼。唐太宗将一宗室女封为文成公主，嫁给松赞干布。

7世纪，唐朝在当时世界上是经济文化最先进的国家。据说，松赞干布带着大量的金银财宝，率使团来长安请婚。不料，天竺、格萨、大食等国也派使团前来请婚，期望能娶得贤惠的文成公主。为了能给公主选得好夫婿，唐太宗想了一个办法，让各国的婚使们比赛智慧，谁最后胜出，便能娶得公主，这便是历史上的“六试婚使”。

第一试：如何用一根柔软的绫缎穿过明珠的九曲繁杂的孔眼。

第二试：如何辨别出100匹骒马和100匹马驹的母子关系。

第三试：要求求婚使者在一天内喝完100坛酒，吃完100只羊，并能把羊皮揉好。

第四试：准备100段松木，让使臣分辨其根和梢。

第五试：于晚上辨认京师万祥门内的门不迷路。

第六试：辨认出真正的公主。

禄东赞聪明，有智慧，全都破解了这六道难题，最后使松赞干布顺利娶得文成公主。相传，当年文成公主辞别父母，离开长安，离开家乡，跋山涉水，历尽千辛万苦来到荒漠的高原上，由于思念长安，思念自己的父母，不由得想起了临别时母亲送给她一面宝镜时说的话：若怀念亲人时，可从宝镜里看到母亲。文成公主便取出母亲赠予的“日月宝镜”，双手捧着照起来，镜子里的并不是母亲，而是自己满脸的愁容。她一生气，把宝镜摔在地上。没想到，宝镜刚落到地面，立刻化成一座高山，后人称之为日月山。它恰好挡住了一条东去河流的去路，河水不得不掉头回流，被人

倒淌河

们称为倒淌河。这日月山和倒淌河，就在青海省西宁附近的青藏公路旁。

2. 和亲开创友好新时代

贞观十五年（641）正月十五，唐太宗将文成公主下嫁松赞干布，命江夏王李道宗持节护送。在唐送亲使江夏王、太宗族弟李道宗和吐蕃迎亲专使禄东赞的共同伴随下，文成公主一行从长安出发，途经西宁，翻过日月山，跋山涉水才到达拉萨。

松赞干布率群臣迎接文成公主，谒见李道宗，行子婿之礼。后与公主一同返回逻些（今拉萨），松赞干布还特意为文成公主筑城，修建宫室。

文成公主和后来的金城公主虽然不是皇帝的亲生女儿，但她们在吐蕃有着很高的地位。

吐蕃书籍《贤者喜宴》记载："松赞干布登临欢庆的宝座，为文成公主加冕、封作王后。"《敦煌吐蕃历史文书》记载："赞蒙文成公主由噶尔·东赞域松迎至吐蕃之地。""及至羊年（683）……冬，祭祀赞蒙文成公主"。

金城公主，唐朝宗室女，雍王李守礼的女儿。《敦煌吐蕃历史文书》记载："及至狗年（710）……赞蒙金城公主至逻些。""及至兔年（739）……赞蒙金城公主薨逝”，“及至蛇年（741）……祭祀赞普王子拉本及赞蒙金城公主二人之遗体”。

在《敦煌吐蕃历史文书》的记载中，若是有“赞蒙”尊称且去世后享有祭祀这两项的，其地位都不低于吐蕃王后拥有的待遇，文成公主、金城公主都有此待遇，而在松赞干布的女人中只有文成公主有这待遇。

关于泥婆罗的尺尊公主（通常所说的尼泊尔公主），敦煌吐蕃文献、吐蕃金石铭刻等吐蕃史料以及汉人史料的记载里，都没有松赞干布娶泥婆罗尺尊公主的资料。故松赞干布娶泥婆罗尺尊公主一事多半是虚构的。

松赞干布对文成公主疼爱有加。吐蕃人有赭面习俗，松赞干布因为文成公主不喜欢而下令废了这个习

文成公主与吐蕃松赞干布像

俗。松赞干布本就仰慕华风，不但亲自穿丝绸衣服，还派吐蕃贵族子弟前往唐朝学习诗书。

唐太宗伐辽返回，松赞干布派人送金鹅并奉表曰："陛下平定四方，日月所照，并臣治之。高丽恃远，弗率于礼，天子自将度辽，隳城陷阵，指日凯旋，虽雁飞于天，无是之速。夫鹅犹雁也，臣谨冶黄金为鹅以献。"（《新唐书·吐蕃传上》）

文成公主与吐蕃松赞干布和亲，开创了唐朝和吐蕃友好交往的新时代。

3. 经济文化交流促进汉藏关系发展

松赞干布很喜欢贤惠多才的文成公主，对公主疼爱有加，专门为公主修筑了宫殿。历史上有一种说法，这座宫殿就是后来的布达拉宫，共有 1000 间宫室，非常壮观。后经雷电、战火，宫室被毁，到 17 世纪，经过两次扩建，形成现今的规模。布达拉宫主楼 13 层，高 117 米，占地面积 36 万余平方米，气势磅礴。布达拉宫内保存着大量的壁画，其中就有唐太宗六难吐蕃婚使噶尔禄东赞的故事，以及文成公主抵达拉萨时受到热烈欢迎的场面等。布达拉宫的吐蕃遗址后面还有松赞干布当年修身静坐之室，四面陈列着松赞干布、文成公主、禄东赞等的彩色塑像。

据《吐蕃王朝世袭明鉴》（此书中有很多奇幻荒谬内容）记载，文成公主嫁过来时带了很多中原的东西，有“释迦佛像、珍宝、金玉书橱、三百六十卷经典、各种金玉饰物”，又有很多烹饪食物，各类饮料，各种花纹图案的锦缎垫被，卜筮经典300种，营造与工技著作60种，治404种病的医方100种，医学论著4种，诊断法5种，医疗器械6种，还带了芜菁等种子入藏。

松赞干布于河源迎亲。文成公主带来的金质释迦佛等身像成为了藏族人民崇拜的圣物。

随文成公主一起来的文士们帮吐蕃整理吐蕃的相关文献，并记录松赞干布与大臣们的重要谈话，吐蕃的政治逐渐走向正规化。松赞干布很喜欢中原文化，派吐蕃的贵族子弟到长安国学学习诗书，还在唐境聘请文士为他掌管表疏，又向唐朝请得蚕种及制造酒、碾硙、纸墨的工匠。

文成公主信奉佛教，她带来的释迦牟尼像至今仍保存在大昭寺。松赞干布迎娶文成公主后的200多年里，吐蕃和唐朝之间使臣和商人来往频繁。

4. 病逝吐蕃，影响深远

唐蕃会盟碑记载：“……和叶社稷如一，于贞观之岁，迎娶文成公主……重协社稷如一，更续姻好。景龙之岁，迎娶金城公主降嫁赞普之衙……舅甥和叶社稷如一统，情谊绵长……”

文成公主入藏促进了唐蕃之间的友好发展。由于文成公主是一位聪慧又博学多能的才女，文成公主带来的汉民族的文化对吐蕃国的开化影响很大，还巩固了唐朝的西陲边防，西藏的经济、文化等各方面也因此得到长足发展。

永徽元年（650），松赞干布逝世，文成公主继续在吐蕃生活达 30 年，为加强唐蕃之间的友好关系努力。文成公主因而更加受到了藏族同胞的爱戴。

永隆元年（680），文成公主因为染上天花而去世。吐蕃人为文成公主的去世而痛心，吐蕃王朝为公主举行隆重的葬礼，唐遣使臣赴吐蕃吊祭。至今拉萨仍保存藏人为纪念她而造的塑像，距今已有 1300 多年历史。

至今，文成公主与松赞干布的故事仍以戏剧、民歌、壁画、传说等形式在汉藏民族间广泛传播。

文成公主入藏和亲对汉藏两族的友好发展作出了重要贡献。今天拉萨市的布达拉宫和大昭寺内还保存着松赞干布和文成公主的塑像，布达拉宫还保存着他俩结婚房间的遗迹。藏族的史书着重记录了文成公主的事迹。文成公主信奉佛教，并将佛塔、经书和佛像带入吐蕃。她协助松赞干布设计建造了大昭寺，并在大昭寺完成后，与松赞干布亲自在庙门外栽插柳树，世称“唐柳”。文成公主还修建了小昭寺，由此，佛教在西藏流传开来。文成公主还对拉萨四周的山分别以妙莲、宝伞、右施、海螺、金刚、胜利幢、宝瓶、金鱼这“八宝”命名，这些山名一直到现在还在使用。

唐人陈陶的《陇西行》诗中有“自从贵主和亲后，一半胡风似汉家”的语句，可见文成公主对吐蕃文化的影响深远。文成公主温婉聪慧，知书达理，跨越千山万水，远嫁吐蕃，不但促进了唐蕃之间经济文化的交流，还大大增进了汉藏两族人民间亲密、友好、合作的关系。

延伸阅读

唐代的交通制度与法规

唐代是比较重视法制的时代，唐代的法律体系已经涵盖了民事、刑事，以及经济生活的各个方面，其中也包含交通管理。

从现存的唐代文献看，唐代关于交通管理的立法也比较完备。《唐六典》记载凡文法之名有四：“一曰律，二曰令，三曰格，四曰式”，“律以正刑定罪，令以设范立制，格以禁违正邪，式以轨物程事”。就是说，唐代有“律”“令”“格”“式”4种法律形式。《永徽律》是根据《武德律》和《贞观律》编撰的法典，共20篇502条，唐高宗永徽二年（651）颁行，是中国现存最完备的一部封建法典，全文保存在《唐律疏议》中；唐“令”已经佚失，日本学者仁井田升及池田温等人根据现存的古文献进行复原，先后出版《唐令拾遗》和《唐令拾遗补》，部分弥补了唐令的缺失。至于唐代的“格”与“式”，目前仅有少量出土文书的残卷，先后汇编为《唐神龙散颁刑部格残卷》《开元水部式残卷》。因此，目前仍然难以窥见唐代交通管理制度的全貌，只能略知其一二。

一是“右侧通行”制度。《新唐书·马周传》记载：“先是，京师晨暮传呼以警众，后置鼓代之，俗曰‘冬冬鼓’；品官旧服止黄紫，于是三品服紫，四品五品朱，六品七品绿，八品九品青；城门入由左，出由右；飞驿以达警急；纳居人地租；宿卫大小番直；截驿马尾；城门、卫舍、守捉士，月散配诸县，各取一，以防其过，皆（马）周建白。”意思就是，唐代京师长安的治安管理，原先是采用早晚沿街传呼的方式警示民众，执行城门的开启或关闭，后来改用击鼓的方式，被民间称为“冬冬鼓”；唐代官服原本只有黄色和紫色，难以识别品级，后来改为三品以上官服紫色，四、五品官服红色，六、七品官服绿色，八、九品官服青色；以及“城门入由左，出由右”的制度、“飞驿以达传警”制度、“居民纳租”制度、“截驿马尾”制度、“轮流宿卫”制度，都是出于马周的建议。其中所谓“城门入由左，出由右”的规定，应当就是传袭至今的“右侧通行”制度；所谓“飞驿以达传警”的规定，应当就是类似于警车鸣警的快速通行制度；所谓“截驿马尾”的规定，也应当就是类似于消防车涂红色，工程抢险车涂黄色的优先通行制度，这些规定显然都是便于维护交通秩序的有效法规。

二是“道路规避”制度。唐代《仪制令》规定的道路规避原则是：“诸行路巷街，贱避贵，少避老，轻避重，去避来。”具体规定是：“属官于街衢相遇，隔品者致敬，礼绝者下马，无回避之文”；“三品以上遇

唐代官服

亲王于路，不合下马”；“诸官人在路相遇者，四品已下遇正一品，东宫官四品已下遇三师，诸司郎中遇丞相，皆下马”；“凡道士、女道士、僧、尼于道路遇五品以上官者，隐（回避）”。此外，水路航行也有“溯上者避沿流”的规矩，也就是上行船避让下行船的制度。

三是“津济管理”制度。《唐律》规定：“其津济之处，应造桥、航（浮桥）及应置船、筏，而不造置及擅移桥济者，杖七十；停废行人者，杖一百。”就是说，凡是必须提供渡河条件之处，应当修建桥梁，或搭建浮桥，或提供船筏摆渡。如果不提供必要的渡河条件，或者擅自移动桥梁渡口者，主管官员就要受到 70 杖的处罚；如果擅自撤除桥梁或渡口，造成行人交通中断者，更要受到 100 杖的处罚。

四是“行船责任”制度。《唐律》规定：“诸船人行船、茹船、写漏、安标宿止不如法，若船筏应回避而不回避者，笞五十；以故损失官私财物者，坐赃论减五等；杀伤人者，减斗杀伤三等；其于湍碛尤难之处，致有损害者，又减二等。监临主司，各减一等。卒遇风浪者，勿论。”所谓“船人”，就是驾船之人；所谓“茹船”，就是堵塞船缝；所谓“写漏”，就是清除船舱的漏水；所谓“安标宿止”，就是指船舶到港埠或码头停靠之后必须设置停船标志，以便于过往船只及旅客识别。如果违反这些规定，或者不实行航行安全避让，就要处以 50 鞭的刑罚；如果因此造成财物损失，就要按照偷盗财物的律条减轻五等执行处罚；如果因此造成人身伤害，就要按照斗杀伤人的律条减轻三等执行处罚；如果因为险滩、激流造成损害，可以减轻二等执行处罚；如果有主管官吏执行临场监督时造成损害，还可以减轻一等执行处罚，只有突然遭遇不可抗拒的风浪所造成的损害，才可以免于处罚。

五是“禁止超载”制度。《唐律》规定：“诸应乘官船者，听载衣粮二百斤。违限私载，若受寄及寄之者，五十斤及一人，各笞五十；一百斤及二人，各杖一百；但载即坐。若家人随从者，勿论。每一百斤及二人，各加一等，罪止徒二年。”就是说，凡是乘坐官船者，规定每人可以携带随身衣物和粮食 200 斤（约 132.4 公斤）。如果受人寄托而超重，每超重 50 斤（约 33.1 公斤）或 1 个人，受寄人和寄托人就要分别处以 50 鞭的刑罚；如果超重 100 斤（约 66.2 公斤）或 2 个人，就要分别处以 100 杖的刑罚；只要装载上船，无论行程远近，都要照章论处，但不追究处理随行人员。如果超重更多，就按每超重 100 斤或 2 个人，分别罪加一等；超重最严重者，可以处以 2 年徒刑。如果是军人违反“禁止超重”的规定，处罚更为严厉，“从军征讨者，各加二等。监当主司知而听之，与同罪。空船者，不用此律”。就是说，军人超重“五十斤及一人，各杖七十；一百斤及二人，各徒一年半；每一百斤及二人，各加一等，罪止徒三年”。而且“监船官司知乘船人私载、受寄者，与寄之者罪同”。如果是“空船，虽私载、受寄，准行程无违者，并悉无罪”。就是说，如果主管官员知道超载而不执行规定，也要受相同的处罚，如果是空船航行，不影响船舶安全，主管官员可以不承担责任，但当事人仍然要受到处罚。

六是“行驶计程”制度。《唐律》规定：“凡陆行之马程，日七十里；步及驴五十里；车三十里。水行之程，舟之重者，溯（逆流）河日三十里，江四十里，余水四十五里，空舟溯河四十里，江五十里，余水六十里。沿流（顺水）之舟，即轻重同制，河日一百五十里，江一百里，余水七十里。其如砥柱之类，不拘此限。若遇风，水浅不得行者，即于随近官司中牒检印记，听折半。”就是说，唐代对各种交通工具的

唐代的交通工具木牛车

行驶日程均有明确规定，船舶行驶不同河段的日程也有所区别。如果因为经过险要河段，或遭遇风浪、浅滩等特殊情况，不能按照日程要求行驶，也必须获取当地官府的书面证明，才允许折半计算日程。

七是“道路限行”制度。《唐律》规定：“诸于城内街巷及人众中，无故走车马者，笞五十；以故杀伤人者，减斗杀伤一等。杀伤畜产者，偿所减价”，“若有公私要速而走者，不坐；以故杀伤人者，以过失论。其因惊骇，不可禁止，而杀伤人者，减过失二等”。就是说，唐代禁止在城市街巷奔驰车马，违章者处以50鞭的刑罚。如果造成人身伤害，就必须按照故意伤害罪减轻一等处罚；如果伤害牲畜或损坏财产也必须照价赔偿；如果是因为紧急公务或私人吉凶大事，可以不追究违章刑罚，但造成事故伤害者，按过失伤害罪论处；如果是因为牲畜惊骇造成交通事故伤害，以减二等过失伤害罪论处，可以出钱赎罪，其赎罪款项全部用于补偿受害者的损失。

八是“路政维护”制度。《唐律》规定：“诸侵巷街、阡陌者，杖七十。若种植垦食者，笞五十，各令复故。虽种植，无所妨废者，不坐”，“其穿垣出秽污者，杖六十；出水者，勿论。主司不禁，与同罪”。就是说，凡是侵占道路者，都要处以70杖的刑罚；如果只是种植物侵占道路，则处以50鞭的刑罚，但必须恢复道路畅通；如果只是种植物越界但并未妨碍交通，也可以免于刑罚；如果穿墙向街道排泄污秽，就要处以 60 杖的刑罚；如果只是正常排水，也可以免于处罚；如果管理人员不制止擅自排污的行为，也将被处以同等刑罚。

九是“道路治安”制度。《唐律》规定：“诸向城及官私宅，若道径射者，杖六十；放弹及投瓦石者，笞四十；因而杀伤人者，各减斗杀伤一等。”就是说，凡是向城市住宅或道路射箭，就要处以 60 杖的刑罚；即使是用弹弓射击或投掷瓦石，也要处以 40 鞭的刑罚；如果因此造成伤害，就要按照故意伤害罪减轻一等执行处罚。

《唐律》还明确规定：“诸施机枪、作坑阱者，杖一百；以故杀伤人者，减斗杀伤一等；若有标识者，又减一等。”“其深山、迥泽及有猛兽犯暴之处，而施作者，听。仍立标识。不立者，笞四十；以故杀伤人者，减斗杀伤罪三等。”就是说，凡是在道路上安放触发式射击物，或者挖掘坑凼，就要处以 100 杖的刑罚；因此造成伤害者，就按照故意伤害罪减轻一等执行处罚；如果设有明显标志，也可以减轻一等处罚。如果是因为山林湖泊有猛兽出入而实施捕杀，也必须设置明显标志；如果不设置标志，仍然要处以 40 鞭的刑罚；因此造成伤害者，更要按照故意伤害罪减轻三等执行处罚。

十是“禁止夜行”制度。《唐律》规定:“诸犯夜者，笞二十；有故者，不坐。”“闭门鼓后、开门鼓前行者，皆为犯夜。故，谓公事急速及吉、凶、疾病之类”。就是说，唐代明确规定，凡是“闭门鼓”之后，直到“开门鼓”之前，均属于“宵禁”时间。凡是违反“宵禁”规定的夜行者，一律处以 20 鞭的刑罚；如果是因为公务紧急或私人遭遇吉凶大事，可以凭通行证件或证明准予通行，没有通行证件或证明信者，一律不许违禁夜行。

唐朝时期抵达西方最远的人——杜环

杜环，又名杜还，生卒年不可考，唐中叶京兆万年(今陕西西安)人，是《通典》作者杜佑的族子，唐代旅行家。唐天宝十年(751)，杜环追随唐军名将、安西四镇节度使高仙芝，参加著名的怛罗斯战役，与大食(阿拉伯帝国)军展开激战。最后唐军惨败，杜环在怛罗斯城(今哈萨克斯坦江布尔)被俘。后来他在各地游历，到过北非和西亚等地区，他是第一个到过非洲并留下著作的中国人。杜环回国后编写了《经行记》来记录自己的所见所闻，但是现在已经失传。所幸杜佑的《通典》(801年成书)曾引用过该书,所以大概有1500字流传于世。

《经行记》记录了当年亚、非相关国家的地理、物产、历史及风土人情，而且是最先提到伊斯兰教和中国工匠在大食传播生产技术的古籍。

杜环像

1. 旅游途经地

唐朝是中国古代史上最为繁盛且与西方各国接触甚多的王朝，大丝路的交通在盛唐时期络绎不绝。杜环游历甚广，作为一个资深的游历文人，杜环由天宝十年（751）开始到宝应元年（762），经过11年的时间遍游了黑衣大食国（建都伊拉克，以黑旗为标志的巴格达哈里发阿拔斯王朝）全境，见闻极其丰富，并写下了一本名为《经行记》的书，其中最重要的部分便是关于伊斯兰医药，包括拔汗那国（费尔干纳）产的庵罗（明代李时珍于《本草纲目》中收录）、地中海南岸突尼斯产的鹘莽（椰枣）、亚俱罗（今天的美索不达米亚）河洲产的香油和扁桃、末禄国（也称朱禄国，今土库曼马里）所产的军达（甜菜)、茴香等。杜环还曾游历埃及的亚历山大城，对当时地中海的医学大为赞叹。杜环可能是唐朝时期抵达西方最远的人。

古人在东西方向的交往真是超乎我们想象。唐代的中原和非洲还曾通过海陆交通有过频繁的交往。东非南方的三兰国是华船最远航程的目的港。殊奈是索马里南部的黑人国，早在贞观三年（629）十月已经有使者抵达长安。殊奈是波斯语“黑人”（桑给）的复数，其属于昆仑民族，包括习俗、文字都和印度相同。在索马里南部有一个著名的古港桑加亚，殊奈使者从这里启程先到达越南北部和广州，再来到长安。

杜环是历史上第一个有名的到达非洲的中国人。杜环出身望族，作者杜佑的族子，深受其影响。杜环在怛罗斯战役中被阿拉伯人俘获后，送到库法，受到优待，这使他得以周游西亚，并随着阿拉伯使团经过埃及、苏丹而到埃塞俄比亚的摩邻国。

杜环的《经行记》中着重描写了他从耶路撒冷启程，经过埃及、努比亚到埃塞俄比亚的阿克苏姆王国的所见所闻。因为阿克苏姆人崇敬天神、地神和海神摩邻，杜环便管它叫摩邻国。在进入非洲后，杜环了解到埃及、努比亚和埃塞俄比亚信奉大秦法（基督教），而埃及的国教和努比亚沿海的阿拉伯人信奉大食法（伊斯兰教），而在尼罗河以东苏丹境内从事转口贸易的牧民贝贾人则信奉寻导法（原始拜物教）。

摩邻国的厄立特里亚沿海居民肤色黝黑，以椰枣为主食。他在游历埃及时，惊叹于当地基督教医生最善于治疗眼病和痢疾，许多病都能有预防的办法，尤其是脑外科手术。他在《经行记》中这样写道："其大秦，善医眼与痢，或未病先见，或开脑出虫。"这也反映了当时地中海地区高超的医术。

2. 最后的行程

杜环航行的最后一站是埃塞俄比亚的马萨瓦港，至此后他不再前行，开始返航回到波斯湾，同年便回了广州，那时是唐宝应元年（762）的夏天。《太平御览》《太平寰宇记》《通志》《文献通考》对此均有转引。这些原始资料文字虽然不全，但都是极其珍贵的，记述了8世纪中叶前后中外经济文化交流及西亚、中亚的各国情况。资料中所记载的拔汗那国（今乌兹别克费尔干纳）、康国（今乌兹别克撒马尔罕）、狮子国（今斯里兰卡）、波斯国（今伊朗）、碎叶（今吉尔吉斯托克马克西南）、石国（今乌兹别克塔什干附近）、大食、朱禄国（末禄国，今土库曼马里）、苫国（今叙利亚）等国，反映了中国古代工艺技术的西传情况，以及古代伊斯兰地区的工艺文明。

3. 旅游见闻与《经行记》

《经行记》原书已经失传，只有杜佑在《通典》卷一九三《边防典》摘录过数段的内容，杜佑在这部分的“西戎总序”里说：“族子环随镇西节度使高仙芝西征，天宝十载至西海，宝应初，因贾商船舶自广州而回，著《经行记》。”文中记载了唐朝被俘流落在大食国都亚俱罗的工匠有金银匠、画匠、绫绢织工、造纸匠等，这些表明了我国古代工艺技术的西传情况。其中简要记录了伊斯兰教，其中有关大秦法、寻导法的记载也是十分重要的宗教史资料。

杜环在中亚、西亚乃至北非等阿拉伯帝国境内待了十多年，是中国历史上第一个到过摩洛哥的人。对于阿拉伯人信奉的伊斯兰教，他记载道：“一日五时礼天，食肉作斋，以杀生为功德。……又有礼堂，容数万人，每七日，王出礼拜，登高座，为众说法，曰：‘人生甚难，天道不易，好非劫窃，细行谩言，安己危人，欺贫虐贱，有一于此，罪莫大焉。凡有征战，为敌所戮，必得升天。杀其敌人，获福无量。’”“其大食法者，以弟子亲戚而作判典，纵有微过，不至相累。不食猪、狗、驴、马等肉，不拜国王、父母之尊，不信鬼神，祀天（真主安拉）而已。”对于阿拉伯的繁荣经济，他记载道：

“郛郭之内，里闬之中，土地所生，无物不有。四方辐辏，万货丰贱，锦秀珠贝，满于市肆，驼马驴骡，充于街巷。”“琉璃器皿，瑜石瓶钵，盖不可数算。粳米白面，不异中华。”杜环曾到过东罗马帝国（拜占庭帝国），据他记载：“拂菻国在苫国西，隔山数千里，亦曰大秦。其人颜色红白，男子悉着素衣，妇人皆服珠锦。……王城方八十里，四面境土各数千里。胜兵约有百万，常与大食相御……”

宝应元年（762），杜环结束了其游历生涯，踏上了回国的航船，回到了思念已久的祖国。

延伸阅读

最早航海下西洋的外交使节：杨良瑶

杨良瑶（736—806），原籍弘农郡（今河南寻宝市东北）人，唐代宦官、大航海家，是中国最早下西洋的外交使节，620年后才有规模宏大的郑和下西洋。杨良瑶后来落籍唐京兆府云阳县龙云乡，即今陕西省咸阳市泾阳县云阳镇。他主要参与历史事件有“借兵回纥”“出使岭南”“出使大食”“平叛淮西”等。

2014年，在陕西泾阳发现杨良瑶墓。

杨良瑶是一个从小就有伟大志向的人。杨良瑶于唐肃宗至德元年（756）至至德三年（也即唐乾元元年，758）以一名宦官的身份进入皇宫，开始了其充满传奇的一生。

杨良瑶石雕像

唐代宗永泰元年（765），杨良瑶受命去慈隰一带说服叛乱的狼山部落。唐代宗大历六年（771），杨良瑶受封，官至朝议郎、宫闱局丞。他兢兢业业，守职不渝，先后奉诏宣慰安南（越南古称，包含广西一带），震慑广府（今广州）叛军首领哥舒晃，因此回朝后受到赞赏。大历十二年（777），又做了宫闱令，掌管宫中的大小事务。

建中末年（783），因京城遇到危机，杨良瑶护送唐德宗西出奉天（今陕西乾县），受到皇帝重用。兴元初年（784），国内各地出现武装叛乱，唐王朝派杨良瑶去回纥搬救兵。回纥援兵及时赶到，才遏止了叛乱。因此，杨良瑶又获封内侍省内给事，后又获封朝散大夫。

杨良瑶一生游历经验丰富，但最为重要的一次大型出使活动，是以唐王朝的外交使节身份航海下西洋，抵达远在中东地区的黑衣大食（建都于伊拉克的阿拔斯王朝）。据出土的杨良瑶神道碑记载：

> 贞元初，既清寇难，天下乂安，四海无波，九译入覲。昔使绝域，西汉难其选；今通区外，皇上思其人。比才类能，非公莫可。以贞元元年（785）四月，赐绯鱼袋，充聘国使于黑衣大食，备判官、内傔，受国信、诏书。奉命遂行，不畏于远。届乎南海，舍陆登舟。邈尔无惮险之容，懔然有必济之色。义激左右，忠感鬼神。公于是剪发祭波（至今广东沿海一带渔民出洋捕鱼时，仍有剪下头发，祭奠海神的习俗。宋代以后，逐步演变为妈祖朝拜），指日誓众，遂得阳侯敛浪，屏翳调风，挂帆凌汗漫之空，举棹乘颢淼之气，黑夜则神灯表路（可能指阿拉伯人在印度洋的海岸上所建的航海灯塔），白昼乃仙兽前駈（当指海豚之类海洋生物，常在船前飞泳跳跃）。星霜再周，经过万国，播皇风于异俗，被声教于无垠。往返如期，成命不坠，斯又我公扙忠信之明效也。

大历十四年（779），唐德宗登基时，朝廷内外局势一片混乱。首先唐德宗为巩固自己的统治，推行“两税法”，为了顺利实施其政策，不惜迫害主管全国财政改革达20年之久并作出杰出贡献的理财家刘晏，这引起朝政大臣的不满与抱怨。而朝廷外部，以安禄山、史思明为代表的各路分封割据势力表面风平浪静，实则暗潮汹涌。建中二年（781）,成德镇（治恒州，今河北正定）、淄青镇（治青州，今山东益都）、魏博镇（治魏州，今河北大名）三镇的节度使联合叛乱，打着"清君侧"的名号，想要确立世袭传子制度。唐德宗慌乱之中调兵遣将，仓促应对，结果屡次失败，被迫出走奉天。后来幸亏浑瑊、李晟等名将拼死抵抗护驾，唐德宗才保住了性命。

唐德宗像

直到兴元元年（784），唐德宗才回到了长安，第二年，"三藩之乱"基本平息，但是此时的吐蕃又趁机作乱。

吐蕃政权起源于青藏高原，后来不断发展壮大，一直对唐朝虎视眈眈。天宝十四年（755）年，趁着"安史之乱"，吐蕃政权占领河西诸镇后开始觊觎长安城，唐德宗刚刚登基时，吐蕃就又趁机攻陷了沙州（今甘肃敦煌）、瓜州（今甘肃安西）等地区，只是当时唐朝最大的危机是藩王之乱，所以没多余的力量去对付吐蕃。建中四年（783），吐蕃的尚结赞与陇右节度使张镒暗地勾结，攻陷了泾（今甘肃平凉）、陇（今陕西陇县）、宁（今甘肃宁县）等地区。唐朝与吐蕃之间战和不定，所以双方的关系也是时好时坏。

为了彻底压制吐蕃，唐德宗让当时的宰相李泌制定了“北和回纥，南通云南（南诏），西结大食、天竺”的策略，希望在国内局势稳定后立即实施。

盛唐时期，国家统一，国力强盛，经济繁荣，文化昌盛，各国使节纷纷出使唐朝，他们向往唐朝文化，认为它是“东方文化的大本营”，加上唐朝对外政策开明，对“远夷”从不歧视，甚至于很多外国人在朝为官。所以，回纥、大食等很多国家都与唐朝保持着友好的外交关系。

唐玄宗天宝十年（751），怛罗斯战役之后，唐朝的海上丝路贸易空前频繁。据记载，从唐高宗永徽二年（651）开始，一直到唐德宗贞元十四年（798）九月最后一次外交使节离开唐朝回自己国家，仅仅大食的使节就有39次来到长安。唐玄宗天宝十一年（752）十二月，是大食第一次与唐朝交往，大食派遣使者来到大唐后，唐朝授予使节“左金吾卫员外大将军”勋位，到唐德宗贞元十四年（798），“以黑衣大食使含嵯、乌鸡（一作焉鸡）、莎比(一作莎北)三人并为中郎将，放还蕃”，也有16次之多。

虽然各国不惜远渡重洋来到唐朝，但是据唐朝的正史记载，唐朝一直没有正式派遣使节航海出使各国。所以，杨良瑶神道碑对杨良瑶一行航海出使黑衣大食的记录尤其珍贵。

唐代著名的地理学家贾耽曾记载过杨良瑶的出使路线：从广州南海乘船出发，沿着南中国海一路向南，经过门毒国(今越南中部归仁、芽庄之间)、古笪国(今越南中部芽庄，一说真腊)、天竺(今印度和巴基斯坦一带)等数百个国家，到达大食国弗剌利河(今伊拉克境内幼发拉底河)后，由水路换成陆路，向西最终来到茂门王（大食王号）所都缚达城（巴格达）(参见《新唐书·地理志》)。

杨良瑶出行时已是50岁高龄，而且是以聘国使身份出使印度洋沿岸的南亚、中东国家，使团出行携带判官和国信、诏书，目的是为了说服阿拉伯、印度各国与唐朝建立“国际统一战线”，共同对抗吐蕃政权。关于出使结果，《新唐书·大食传》有记载：“贞元中，(黑衣大食)与吐蕃为劲敌，蕃兵大半西御大食，故鲜为边患，其力不足也。”所以，这次的外交活动效果显著。

杨良瑶使团出使大食成功归来之后，唐德宗十分高兴，在贞元十二年（796），封杨良瑶为太中大夫，两年之后，又特意命令他主持修葺先帝陵寝。

贞元十五年（799），淮西吴少诚叛乱，攻陷了阳翟(今河南禹县)、许州(今河南许昌)、洛阳，唐德宗让韩全义去平叛，但是此人难以成事，朝野内外对他也不抱希望。果然，韩全义指挥不当，屡屡败退，朝廷便派杨良瑶去主持军事，“复请完城聚谷，缮甲理兵，用简易而渐谋，不日月而功就，化怯懦为勇健，变藩篱为金汤”(《唐故杨府君神道之碑》碑文)。至唐顺宗永贞元年（805）取得平叛战争的最后胜利。杨良瑶因其战功卓著，加上他以往积累的威望，从此成为唐朝廷十分信赖的重臣。

虽然杨良瑶只是一介宦官，但他带领使团出使大食的伟大壮举，有力地促进了唐王朝与阿拉伯国家的政治、经济、文化交流。多数人都了解郑和下西洋是世界航海史上的空前壮举，因而郑和被认为是我国古代最早下西洋的外交使节，其实郑和下西洋是在明成祖时期,但唐朝杨良瑶的航海活动整整比他早了620年。我们为15世纪初郑和下西洋为世界航海事业所作的伟大贡献而骄傲，但我们更为杨良瑶早在公元8世纪后期就远航中东的航海壮举而更加自豪！

佛教文化最杰出的交流者——玄奘

玄奘（602—664），洛州缑氏（今河南洛阳偃师）人，俗名“陈袆（yī）”，法名“玄奘”，人称“三藏法师”，后世俗称为“唐僧”，也就是《西游记》里面师父唐三藏的原型。他是唐代著名高僧，法相宗的创始人，是汉传佛教史上最伟大的译经师。

玄奘之所以被世人称为“唐三藏”，意指他精于佛教的经、律、论三藏，熟知所有佛教圣典。玄奘出身虽为官宦家庭，但他出生时家境贫寒，从小跟随长捷法师在净土寺学习佛经 5 年，13 岁在洛阳正式出家，一直在苦心研究有关佛教的各种学说。为求得佛学真谛，他

玄奘像

不畏艰险，于贞观元年（627），独自一人踏上了西行的道路，最后历经艰辛，跨越5万里，来到印度佛教中心那烂陀寺求取真经。在那里，玄奘认真研习大小各派学说，17年后回国时，带回来657部经论、7尊佛像和150粒佛舍利。

玄奘和他的弟子一共翻译过佛典75部，共计1335卷。主要翻译著作包括《心经》《大般若经》《成唯识论》《解深密经》《瑜伽师地论》。由玄奘口述，辩机撰文的《大唐西域记》，全书12卷，主要记录的就是玄奘西行的亲身经历，里面包含上百个国家的地理、山川、物产和风俗人情的介绍。玄奘是国际性的文化交流的杰出使者，他的足迹远至印度，却影响了全世界。

1. 享誉京华

《西游记》是一部家喻户晓的神话小说，小说中的唐僧，也是一个家喻户晓的艺术形象。唐僧这个形象，取材于中国史上著名的奇僧、伟大的文化名人玄奘的事迹。

玄奘出生在一个世宦之家。他祖上几代，都曾在朝廷做官。祖父陈康，做过北齐的国子博士;父亲陈惠，曾任隋朝江陵县令。陈惠于隋炀帝大业年间,辞官还乡，从此潜心儒学。玄奘出生在这样的家庭环境中，从小就受到了良好的文化熏陶。

玄奘从小聪悟异常，各种知识学过之后，都能很快深悟其旨，全面把握，而对于一些佛典，他更表现出很大兴趣。11 岁时,玄奘就已把《维摩经》《法华经》等读得娴熟，可以朗朗成诵。更难得的是他少年早慧，很早就已经懂得自律律人的道理。玄奘 13 岁出家。他既天赋高又刻苦认真，再加上他为人老成持重，因此，众人在听了他讲经之后，若觉得还需做进一步探讨时，就常常请玄奘升座复述。玄奘虽然年幼，但解析经理无有不通，净土寺僧众重其学功，美其风仪，对他十分钦佩。

至隋朝炀帝大业末年，国内又是到处兵荒马乱，人民流离失所，一片饥馑混乱。武德五年（622），玄奘 22 岁，在成都受具足戒，正式获得僧人资格。之后，他又在蜀地遍访名师。数年后，在贞观元年（627），他回到长安。

这些年间，玄奘在巴蜀一带，跟从一些名师，广泛参学，精研过《阿毗昙论》《摄大乘论》《迦旃延论》等佛教名典，每有所学，莫不凿岩穷穴，对各家各宗学派观点，本干条理，疏朗分明，皆蕴结胸府。并且，他还都能融会贯通，独立思考。对他的超常记忆和非凡悟性，人们都交互称赞，以至于蜀人以“少年神人”之名称他，致使他名声很大。但是越是深入全面地把握当时汉地佛教的各种思想学说，玄奘却越是感到不满足，感到有问题。

到长安后，他又拜在京城一些名僧如道岳、法常、僧辩、僧会等人门下，从学《俱舍论》《涅槃经》等重要典籍学说，朝夕咨请，孜孜为道，造诣日深，其学术人品，誉满京华。不久，京中学界都传说他已穷尽国内各家学说，称他为“释门千里驹”。而玄奘在多年参学生涯中日益觉得，中土诸师对有关义理往往说法不一，因而引起派别纷争。释教内部的派别纷争，十分有碍佛法弘行。而验之于佛典经论，则更感到各类经典，常是译文粗疏，名相各异，使人莫知所从。比如南北朝以来流行的一些重要学派，一是以《十地经论》为依据的“地论学派”，一是以《摄大乘论》为根本的“摄论学派”，两派对于“佛性”到底是什么的重要问题，说法就大相径庭，令人十分困惑。

玄奘所学，主要是“瑜伽行派”理论。他听说印度那烂陀寺有此派根本经典《瑜伽师地论》，很想求得此论，既能以之释中土众疑，又可以统一各家异说。他又听说那烂陀寺等处讲经弘法，盛况空前，因此更是心向往之。故立誓西游，以取真经。时机终于来了。贞观元年（627），玄奘28岁。这年秋八月，关东、河南、陇古沿边诸州，霜害来袭，秋稼毁损严重，闹起了饥荒。朝廷特准京中道俗人等可各自出外谋食。敕令不久，早已准备就绪的玄奘立即随大批灾民出城。然后，他就独自一人踏上了艰苦卓绝的西行之路。唐初，西域高昌国国王麹文泰对源远流长的中原文化心向往之。加上他对于佛教尤为崇信，因此，一段时间里，当他不断听到来往商旅传说有名的大唐法师玄奘出长安西行，精诚动天，万里求法，就甚觉敬慕，渴盼一见。两人相见时，麹文泰敬佩道："流沙艰险，师父能孤身来此，真是奇迹啊！"并请玄奘留在高昌，不要再去印度，说：

那烂陀寺遗址

“我从前幼时，曾随父亲去中国，游历过东西二京（指洛阳和长安）以及燕（河北）、代、汾、晋（均在今山西）等地，见过许多高僧，从无人引起我的仰慕，今日一见法师，就敬爱异常，恨不得终身供养。请师父接受我的诚意，别再西游，让我一国人民，同受师父教化！”

玄奘含笑拒绝，麹文泰动用强力，说玄奘若不答应留下，就用兵把他送回长安去。玄奘说：“我的骸骨或可用强力留下，但我的精神和意志是留不住的。”麹文泰又改而热情挽留，每餐进食，都亲献杯盘。但玄奘干脆绝食，一连三日，滴水不入，气息渐弱。麹文泰知他终不可留，于是向他谢罪，并要求和玄奘结为异姓兄弟。高昌王母亦来，与玄奘手传香信，结为母子。高昌王亲送玄奘出城上路，并馈赠黄金100两、白银300两，绫帛500匹，以充玄奘一路往返之用。实际上，这些钱财已足够20年用度了。此外麹文泰又为玄奘准备了许多衣物和30匹马，25个人，供他一路差用。又写了24封信给玄奘沿途将要经过的24国的国王，请他们给予玄奘照顾，并各附大绫一匹作为礼物。还派大臣陪同玄奘西行，去见西突厥叶护可汗，另外还以绫绢500匹，果味2车，献给叶护可汗。

麹文泰依依不舍，要求玄奘他日东还，定要再到高昌停留。玄奘一一答应。麹文泰以当地最隆重的礼节，手执玄奘之足，与之垂泪道别。

2. 讲经论道

玄奘到印度后，经过滥波国、揭罗喝国（均在今阿富汗东北境），到达东监印度河的牛犍陀罗国，对融和了印度和希腊艺术风格的著名的“牛犍陀罗艺术”赞叹不已。在广泛参研牛犍陀罗佛教胜迹后，他又渡过印度河，经过坦叉始罗国（今巴基斯坦旁遮普省拉瓦尔品第城）等几个小国，来到小乘佛教发源地之一的迦湿弥罗国（即厨宾国）。以后，他又在北印度跋涉数千里，经历 10 余国，拜访名师，考察佛史，研究学问。其间，他曾在许多山区、沼泽和沙漠中经受各种艰险困难，有时还遇上强盗，几乎被杀。他那种谦恭和蔼的态度和奋发勇敢的精神，博得印度各地人们的敬爱。

此后，他进入中印度。富饶的中印度，是当时佛教和学术的中心。玄奘在中印度前后游历 30 余个国家，停留的时间也最长。

贞观五年（631）十月初，32 岁的玄奘到达摩揭陀国（今印度比哈尔邦的巴特那和伽耶地区）著名的那烂陀寺（又名施无厌寺）。

那烂陀寺是当时全印度最大的寺院，也是全印度佛教最高学府。那烂陀之名，据玄奘解释，是因此寺之南森林之中有一大池，池中莲花盛开（有人认为，“那烂”即“那拉”，系莲花别称，莲花在印度文化中为智慧象征），池中有龙，名阿烂陀，建寺时因此命名。

此寺当时已创建700余年，体制齐备，壮丽雄伟，实际上是当时印度文化的中心。寺中藏有极多各家各门的经典，又聚集着极多著名学者。寺院住持是戒贤法师，已有100多岁高龄，学问、道德为全国景仰，被大众尊称为“正法藏”。

象轿

戒贤对这位来自大唐，万里跋涉，精诚动天，又才赋出众的弟子，也是十分看重，寄予无限希望，多方予以鼓励，并以上宾之礼相待，每日供给他担步罗果120枚、槟榔20颗、豆蔻20颗、龙脑香1两，以及大人米1升。“大人米”是当地特产，米粒特大，做出的饭鲜香，平时只供国王和最有成就的学者所用。此外，还专门拨给玄奘侍者和婆罗门各 1 人，帮助料理生活。玄奘若出外，还可以乘“象轿”（用大象驮的轿子）。待遇之高，几乎只在戒贤一人之下。在优裕的学习和生活环境中，玄奘毫不懈怠，抓紧时间，紧张汲取各种思想文化营养。

唐贞观十五年（641）春初，著名的曲女城大会开始。五印度 18 国国王，精通大小乘思想理论的僧人 3000 多人，婆罗门教和其他各教，包括道教徒 2000 多人，那烂陀寺僧侣 1000 多人，以及印度各国各界有身份地位之人，共赴盛会。盛会千载难逢，远近观礼之人，更是人山人海，各种经长途来赴会的人用的大象、车舆、旗幡等，充塞几十里。

玄奘为大会论主。根据习俗和辩论规矩，先向大众声明，如果有人能够对他提出的观点据理制伏，能够对他挂出的《制恶见论》改动一字，作为论主，他将砍头以谢。

18 日会期已毕，对于玄奘的精辟见解，无人能破。戒日王宣布会终，心中叹赞至极，极是欢喜。散会之日，戒日王赠送玄奘金钱 1 万，银钱 3 万，上等毛毡 100 具，18 国国王也纷纷向玄奘赠送珍贵礼品，但玄奘一概推辞不受。会后，玄奘向师友及戒日王辞行东归。戒日王以及五印度诸国王苦留未成，只得举行盛大送行仪式，送玄奘归国。

贞观十五年（641），41岁的玄奘启程归国。

贞观十九年（645）正月二十四日，玄奘终于又回到阔别将近20年的故乡。这年，他已经45岁。

当时唐太宗因为正要出征高丽，住在洛阳行宫。他命令留守长安的宰相房玄龄等朝中要员，代表他接待玄奘。

3. 卓越贡献

玄奘到长安之日，数十万群众争相出迎，摩肩接踵，道途阻断，以致人不能行。玄奘当日无法进城，只得暂住郊外馆驿。是夜，京中人民通宵不寐，候于道旁，等待第二日一早目睹大师风采。

玄奘回长安后，即着手组织译经工作。在朝廷支持下，征选各地有名的高僧学者前来参与译经。一些著名人物，如法藏（后成华严宗创始人）、道宣（后成南山律宗创始人）、辩机（《大唐西域记》执笔人）、怀素（著名书法家）、连敬宗（后成一代名相）等，都曾是玄奘译场中的工作人员。只用了短短3个月时间，玄奘就以干练的办事能力，在长安弘福寺将规模完整、人员精干、分工精细的译场组织完备。当年即创译《大菩萨藏经》20卷，以及《显扬圣教论颂》《六门陀罗尼经》《佛地经》等。次年，玄奘又集中力量，从五月十五日起，开始翻译“瑜伽行派”根本经典，传为弥勒所说的《瑜伽师地论》，后于贞观二十二年（648）译毕，共100卷。这年，又应太宗李世民之命，由玄奘口述，辩机笔录，再经玄奘作文学修润，撰成著名的《大唐西域记》，共12卷。这是一部伟大的文化名著，书中记载了玄奘在十多年间亲身经历的110个国家和根据传闻记叙的28个国家（共138个国家）的历史沿革、风土人情、宗教信仰、交通地理、道德习俗、政治文化等状况。它是研究印度、尼泊尔、巴基斯坦、孟加拉国以及中亚地区各国历史地理的一部极为重要的著作，并对考古研究也有重要参考价值。最近100多年来，此书已被译成世界上多种文字，在世界文化界享有极高声誉。在印度，考古学者更据此书记载，将一些佛教圣地，如王舍城旧址、鹿野苑古刹、阿旃陀石窟、那烂陀寺的遗迹一一探查发掘了出来。

玄奘还将中国道家经典《老子》译成梵文，传入印度，此书对以后兴起于东印度一带的密教的有关著述及修法方式，产生了直接和深远的影响。玄奘并把在印度已经失传的大乘佛教名典《大乘起信论》译回梵文。他在沟通中印两大东方文化体系中作出的卓越贡献，具有巨大的历史意义。

延伸阅读

日本遣唐使访唐及其伟大意义

唐朝盛世，中国先进的文化深深吸引着日本，仅公元7世纪初到9世纪末，日本就曾10余次派出使者到中国学习。这一时期日本派出遣唐使的次数之多、规模之大、交流涉及内容之广、持续时间之长，在中日交流史上是史无前例的。日本此举大大促进了中日文化的交流，对日本文化、科技的进步起到了重大的推动作用。

舒明天皇像

隋大业十四年（618）李渊建立唐朝，建都长安（今西安）。唐朝是继汉代以来的又一个强盛的王朝，其经济文化空前繁荣发达，对外交流也十分频繁，是当之无愧的东亚帝国，吸引着日本和亚洲其他国家的人前来学习。日本对中国文化十分仰慕，隋朝时日本就曾4次派遣人员来中国学习。唐武德六年（623），留学中国的日本学生回国后向天皇建议学习中国。贞观四年（630），舒明天皇派出遣唐使团出使中国，该使团以优秀人物为使臣，成员还有留学生和学问僧。在630—895年的260多年间，日本朝廷共20次派出遣唐使，但由于各种原因，实际到达唐朝的只有13次。

这十几次遣唐使大致可以分为三个时期。初期：630—669年，共任命7次。这一时期使团规模较小，使团由一二百人组成，乘一两艘船沿朝鲜半岛到达唐朝，学习唐朝的制度。中期：702—752年，共任命成行4次。这一时期为遣唐使极盛时期，使团规模扩大，成员达到500人，航船扩为4艘，经南方诸岛的南岛路到达唐朝，全面深入学习盛唐文明，收获成果也为全期最大。后期：759—874年，共任命9次，6次成行，为渐衰期。“安史之乱”后唐朝逐渐衰败，一定程度上打击了日本来中国学习的热情，因此遣唐使团规模缩小，人数减少，留学生留在中国学习的时间也减为一两年。

日本遣唐使使团成员主要包括大使、录事等官员，副使及判官，还有文书、医生、翻译、画师、乐师、留学生、学问僧等。此外还有一些随从人员和工匠水手。这些使臣，包括留学生和学问僧，都是精心挑选出来的优秀人才，他们大多懂汉语，且汉学水平较高，对中国也较为熟悉。

遣唐使团来唐朝主要有三条航路：北路、南岛路和大洋路。初期遣唐使团走较为安全的北路：从九州博多湾出发，过对马岛后沿朝鲜半岛、辽东半岛沿海航行至山东半岛，再从陆路去长安，但这条路耗时长，需要数十天的时间。中期开拓出南岛路：从九州经过南部诸岛，接着横渡东海，到中国明州（今宁波）等地。但这条路线风险大，航期仍然很长。后期又开辟了航期短，但最为危险的大洋路：从博多启航，在顺风的条件下横渡东海，直达扬州、明州等港。

遣唐使团为中日文化的交流作出了重大贡献，但实际上，这也是他们用鲜血和生命铺就的文化通道。日本和中国大陆之间隔着汪洋大海，通往中国的航路又异常艰险，每一次去往唐朝和返回日本的途中，遣唐使团都要经历很多危险，有时甚至在途中丧命。在前前后后十几次往返途中，共有10艘遣唐使团的航船被风暴摧毁，造成了许多使团成员遇难。

遣唐使团能顺利到中国学得先进文化，与日本天皇、日本政府的重视离不开。首先，遣唐使团由政府选定人员，由政府安排出行。其次，在遣唐使出发前一个月，遣唐使团要入朝拜谒天皇，接受天皇授予节刀和赏赐酒物，并听从天皇训令。遣唐使团使臣还要到神社祈祐平安，以求使团能顺利完成任务并安全归来。此外，为表优宠，朝廷还会在出发前夕赐给使臣、留学生丰盛的宴席，天皇会亲自出席并赋诗，表示对遣唐使团的重视。在天皇和政府的重视和关照下，使团按期出发。待遣唐使团顺利回国后，京城又会举办盛大的欢迎仪式，嘉奖使臣，抚恤死难者。

日本派出遣唐使团来中国学习，从唐朝的立场看，是中国作为大国雄立于世界、受众邦朝拜的体现，唐王朝自然欢迎。使团安全抵达中国后，中国方面盛情接待，地方官员马上为使团安排食宿，并快马奏报朝廷。获准进京后，由地方政府安排人员护送使团主要成员去往长安，路途费用由中国政府负担。使团到达长安后，又将受到盛宴招待。入城后，遣唐使献上贡物，接着会受到唐朝皇帝的嘉奖和接见。唐朝一向以大国风范接待各国来宾，日本遣唐使在中国一般都受到特别优待和照顾。接下来,遣唐使臣会在唐朝逗留一年左右，或参观访问，购置物品，或学习文化，体验风俗人情。遣唐使团回国时，唐朝廷也会为他们举办盛大的欢送仪式，馈赠他们大量高贵礼品，这既表达了唐朝和日本之间的友谊，也展示了唐朝的雄厚国力，彰显了唐朝大国的礼尚风范。

无疑，遣唐使的出使对日本的进步有极大的影响，十几次的遣唐出行，日本向中国学习了优秀的制度和先进的文化，加快了日本政治、经济、文化的发展。

日本最先关注的是唐朝的政治制度和律法，从中国引进典章律令以供日本学习和仿制，是其使团出使唐朝的第一个成果。对典章律令的引进，推进了日本政治的改革和社会制度的革新。此外，日本还学习中国的教育制度，整顿教育，开设各类学校教授汉学，培养人才。

日本对文化艺术的学习也极为重视，他们如饥似渴地汲取盛唐文化，从中国的经史，到诗词、书法、绘画、雕塑、音乐、舞蹈，都广为引进，并融合日本民族特色，将之改造成日本的民族文化。

此外，日本遣唐使还将唐朝先进的技术工艺等物质文明带回了日本，农具有唐锄、唐犁，以及种茶、织染、雕版印刷等技术，制作陶瓷、漆器等工艺，相继传入日本，此举极为有力地推动日本经济的发展，并丰富了日本人民的生活。

但由于唐朝后来动荡的朝局，派遣遣唐使团出使耗费巨大，加上经过 200 多年对中国的学习，日本仿唐改革告一段落，唐乾宁二年（895），遣唐使正式被废止。

隋唐时期中朝、中日的教育交流

隋唐是封建文化教育发达繁荣的时代，在当时处于世界领先地位，统治者重视与东西各国的文化教育交流。当时与隋、唐有使者往来和通商关系的国家，如安国、康国、史国、曹国、支国、石国、吐火罗、波斯、大食、拂菻、厨宾、天竺、泥波罗国、狮子国、骠国、堕和罗、真腊、林邑、瞻博、室利佛逝、诃陵、婆利、盘盘、丹丹、高丽、新罗、百济、日本，等等。他们与隋、唐有文化交流，也有教育交流，重要的方式是派遣留学生、留学僧来唐学习先进的文化。京都长安、洛阳是文化中心，是外国留学生、留学僧向往的目的地。派来留学生、留学僧较多的是东边的新罗与日本，文化教育的交流也推动了这两个国家的社会改革。现着重介绍隋唐时期与新罗、日本的文化教育交流，以反映当时教育交流的情况。

1. 隋唐与新罗的教育交流

6—7 世纪中叶，朝鲜半岛的新罗国力日渐强盛，完全统一弁韩、辰韩的领域，北与高丽为邻，西南与百济为邻，到 562 年名副其实地形成三国鼎立的局面。新罗为了自身安全与发展的需要，展开与邻国的邦交，派遣使者与隋朝（581—618）建立友好联系。

新罗当时未出现官学，实行的是“花郎教育”。花郎集团是由贵族十五六岁青少年男子组成，成员称为郎徒，郎徒的领袖称为花郎，集团的人数通常为数百以至数千。平时实施文武教育，“相磨以道义，或悦以歌乐，游娱山水，无远不至”。要求奉行三教德目：儒教，“入则孝于家，出则忠于国”；道教，“处无为之事，行不言之教”；释教，“诸恶莫作，诸善奉行”。通过集团生活的考察，“知其人邪正，择其善者，荐之于朝”。战时自成一战斗团体，编制仿军团，独立参加战斗。这是一种特殊形态的教育组织，其教育目标是：“贤佐忠臣，从此而秀，良将勇卒，由是而生。”要培养文武人才，为国家所用。花郎教育最盛行的时代是在 6 世纪中叶至 7 世纪的中叶。

隋开皇元年（581）隋朝建立，开皇九年（589）隋朝统一南北。《隋书 · 东夷传 · 新罗》载：开皇十四年（594），新罗金真平遣使来朝，隋文帝授其王上开府、乐浪郡公、新罗王。其文字、甲兵同于中国。大业以来，使者来往不绝。

618 年，唐朝代隋而兴，新罗不久也与唐朝建立友好关系。《旧唐书·东夷传·新罗》载：武德四年（621），新罗遣使来朝，唐高祖遣庾文素为使者前往，赐玺书及锦彩，自此新罗使者来往不绝。

（1）新罗派遣学生留唐的教育制度

新罗由金真平当政时，特别重视与唐的友好联系，唐朝也有积极的回应，于武德七年（624），又派遣使者前往新罗，册封金真平为柱国，封乐浪郡公、新罗王。史书只记载金真平继续与唐通好，未提起新罗派遣留学生的事。中国史书明确记载新罗、百济、高丽派遣留唐学生入国子监习业，始于唐太宗当政的“贞观”年代。唐太宗采纳魏征的建议，实施偃武修文的政治路线，文治勃兴，贯彻崇儒兴学的方针，中央官学受到重视，扩建国子监学舍，广纳学生，发展规模达8000余人，包括一部分留学生。《新唐书·儒学传上》载:新罗、百济、高丽“并遣子弟入学”，附监读书习业。此时金真平之女金善德已继位为新罗王，她进一步加强与唐的联系，使者来往频繁，留学生随着使者来往，络绎不绝，并形成一定的制度。具体如下：

派遣留唐学生的条件：初期很重视政治身份，所以都选自王族子弟。后期较重视学习专业，多选取六品官的子弟。留学生的身份称为宿卫学生或宿卫。

留学的年限:通常以10年为限,限满申报归还本国。

派遣人数：没有固定名额，人数因年而异，最少两人，多或7~8人，甚至近20人不等，10年间同时在唐国子监留学的学生曾达一二百人。《旧唐书·东夷传·新罗》载：“开成五年（840）四月，鸿胪寺奏：

新罗国告哀，质子及年满合归国学生等一百五人，并放还。”这一批回归新罗就100多人，而年限未满的留学生，继续在国子监学习，待年满再分批回归。

留学费用：留学生受到唐政府的优待，在学期间的费用由唐朝廷供给。留学生到达长安，由鸿胪寺负责接待，然后安排到国子监学习。他们的服装、粮食、住宿、经籍等费用，由主管部门鸿胪寺依照规定的标准供给。而准备返回时选购书籍的买书银，则由新罗政府支付。

来往的组织：新罗的使者来唐，兼送一批新的留唐学生；使者返国时，接回一批完成学业年限已满的留唐学生。当时新罗与唐朝联系密切，每年或两年一次派遣使者来唐，留学生也就随使者来，或随使者回。有研究者统计，新罗自圣德王以后到景德王期间（702—765）的63年，共遣使入唐56次。来往较为频繁，应该说送来与接回的机会较多。《三国史记·新罗本纪》载，景文王九年（869，唐懿宗咸通十年）七月条云：“又遣学生李同等三人，随进奉使金胤入唐习业。仍赐买书银三百两。”这是新罗使者兼送留学生的事例。此次所送留唐学生3名，每次累积起来，人数也不少。

学成之后的去向：多数留唐学生学成之后回归本国，为国家服务。留学生多半出身于王族、贵族或官僚家庭，有此政治背景，回国后常任政府部门要职。也有小部分学业优秀的留学生，参加唐科举考试，考试及第者，可以在唐朝任职做官。如留学生金云卿，就是参加科举考试的一位，他也在唐朝任职做官。《旧唐书·东夷传·新罗》载会昌元年（841）七月敕："归国新罗官、前入新罗宣慰副使，前充兖州都督府司马、赐腓鱼袋金云卿，可淄州长史。"崔致远，也是科举考试及第，属于唐任官职位较高的一个。

新罗使者频繁来唐，送来新的留学生，人数渐次增多，形成文化教育交流的高潮，他们自觉吸收唐朝的先进文化，促进新罗文化蓬勃发展，维持朝鲜半岛200多年统一的局面。

（2）新罗仿唐官学制度的形成

新罗派遣留唐学生人数越来越多，这促进了新罗文化的蓬勃发展。新罗同时吸收了唐的教育经验，结合本国的国情，逐步建立起了适应新罗需要的官学制度。

新罗也仿效唐朝，在政府机构的一些部门附设专科学校，利用其人才资源和设备资源开展专业教育。

（3）新罗的地方官学

地方官学的设立，以中央集权的地方行政体系的形成基本条件。新罗的中央集权行政体系的确立，在朝鲜半岛统一之后，即685年神文王完成五小京及九州制以后。安鼎福《东史纲目》载景德王六年（747）"置诸博士教授之官”条注云：“各州亦置助教，以韩恕意为熊川州助教。”韩恕意为熊川州助教，有新罗碑文《番吉墓碑》为证，韩恕意之事可信，创立州学一事，当亦可信。助教为州学的学官，所实施的是经学教育。

新罗国与中国是近邻，陆上海上都可以来往。新罗主动与隋、唐朝廷建立邦交，积极开展通商和文化交流，不断派遣留学生到长安国子监学习先进的唐文化，留学生回国后推动本国中央集权制的政治改革，根据本国的需要，建立官学制度，借以培养成批人才，发展本民族的文化。由于移植和吸收唐文化，新罗大大缩短了与唐文化的差距。

2. 隋唐与日本的教育交流

中日的文化交流，早在西周就开始。汉王充在《论衡》提到周成王时倭人曾经来献畅草，这表明先秦时期中国与日本列岛上的人民已有交往。据《后汉书·东夷列传》载，日本列岛上的部落国家，与中国保持着联系，东汉光武帝为表示友好，还授给倭奴国国王一枚刻有“汉倭奴国王”的金印。据《北史·列传第八十二》载：“魏景初三年（239 年）……卑弥呼（倭奴国的女王）始遣使朝贡。……江左历晋、宋、齐、梁，朝聘不绝。”这表明在魏、晋、南北朝时期，中、日两国的交往从未中断过。

日本贵族对中国先进文化的追求，使中国古代儒学教育传统直接影响了日本。据日本的史书《古事记》和《日本书纪》记载，西晋太康六年（285），日本为了学习中国文化，特地从朝鲜半岛的百济聘请了博士王仁。王仁是精通儒学的汉人，他带去《论语》10卷、《千字文》1卷，日本从此以儒家经典为教科书，并有了记录语言的文字。到了6世纪，日本贵族基本掌握了汉字的用法，对儒家思想有了比较系统的了解。共同的文字和共同的教育内容，两国的教育交流更加顺畅。

隋唐时期，中国是世界上先进的文明国家，为世界许多国家所仰慕。隋唐对来访使节都以礼优待，他们所到之处，饮食、住宿一概免费。唐朝的皇帝一般都要亲自接见使者，而且尽量满足他们的要求。如开元五年（717），日本又遣使来中国，请求传授经书，唐玄宗就命令派四门助教赵玄默到使者住处传授经书。日本醉心于对中国的优秀文化的学习和模仿，形成一股学习的热潮。

日本自圣德太子摄政以后，因政治变革、经济发展、社会进步的需要，促使日本与中国直接进行大规模教育交流活动。

友好的邦交为教育交流创造条件，社会发展的需要是教育交流的促进力量，先进的教育制度才能发挥积极的影响，这是为历史所证明的。

东渡日本的中国高僧——鉴真

鉴真（688—763），唐朝著名僧人，广陵江阳（今江苏扬州）人，为律宗南山宗传人，日本佛教律宗开山祖师，著名医学家。曾担任扬州大明寺主持，先后6次东渡日本，传播佛法，促进了中日文化的传播与交流。广德元年（763），鉴真在唐招提寺圆寂，年75岁。日本人尊称鉴真为“天平之甍”，意为他的成就代表天平时代文化的高峰。鉴真在佛教建筑、雕塑等方面，也颇多建树。另外鉴真在医药学方面，也博达多能，他曾主持过大云寺的悲田院，为人治病煎调药物，医道很高。

1. 决心东渡

鉴真像

鉴真于盛唐时期降生于大运河河畔的扬州，自幼接触中外各种各样人士，熟悉国内国外、海内海外运集扬州的珍奇异物。他视野开阔，学识广博，青年时代就在佛学、文学、医药学、建筑学等领域有所造诣，26岁即登坛讲授佛学，在扬州城主持佛教徒的授戒仪式。他修造了80余座古寺，为寺院塑佛像、修宝塔，或铸佛像，又在寺院创设“悲田”，从事社会救济。由于他多方面的贡献，45岁时，便被尊为淮南道最有名望的授戒大师，名播江淮之间，受到佛教界的景仰。

当时的日本，正处于迅速发展的时期，迫切需要学习先进的汉唐文化。早在隋代统治的 30 多年间，日本就 4 次派使团来华。唐朝开国后，派来使团 20 次，每次少则一二百人，多则五六百人，除国家使节外，主要是留学生与留学僧，其任务是学习唐人的政治制度、经济理论、法律、诗文、百家经典以至各种生产技艺，开元二十一年（733），日本第九次遣唐使团来华，其中有两位著名法师：荣睿与普照。他们的任务是要研习中国佛学，同时物色一位授戒大师，去日本主持授戒仪式。他们在长安、洛阳度过了 10 年岁月，终于得知鉴真大师的事迹，决意邀他赴日，当时鉴真已 55 岁。为了佛教事业，他决心东渡。

2. 出行遭遇

经过一段时间的准备，鉴真出发了。但他的弟子们舍不得，报告了官府，此行未成。第二次，船只扛不住东海大浪，在浙江海面触礁沉没了。随行工匠、佛徒伤亡惨重，鉴真与其徒弟脱险归来。从此，中国僧俗再也不愿鉴真冒险远渡了。鉴真第三次、第四次东渡，都被官府“扣留”下来了。第五次，鉴真在巧妙摆脱徒众的守护与官府的“缉捕”后，于天宝七年（748）六月悄然离开扬州，一行 35 人登舟东去，不料在长江口的南通狼山脚下即遇狂风，漂至浙江海面。

他们先后在两个海岛避风，到十月中旬启航。在洋面上又遇劲风，船上又无淡水，苦熬14天，却漂到了海南岛，在振州（今三亚市崖州区）大云寺居停一年，北上抵桂林，在开元寺又住一年。在此期间，他把废弃已久的大云寺与开元寺都缮修一新，重建佛殿、讲堂、佛像、宝塔等。后又应广州太守之邀去广州住了一春。途中，一直陪同他的日本僧人荣睿因病去世。离开广州后，为了减少鉴真活动的阻力，另一位日僧普照也只得告别他去了浙江。鉴真北上，在过大庾岭后因患疾而双目失明。

天宝十二年（753），日本第十次遣唐使从长安来到了扬州。扬州僧众当然知道这批人的来意，说什么也不愿让年逾花甲的鉴真冒风波之险去日本，就作了比以往任何时候都更为周密的“防护”工作，但鉴真本人去意已决，他们于当年十一月十五日又一次秘密地登船出海了。不意一到东海，又遇上风浪，不过这次倒是漂到了冲绳岛。后经几天的搏斗，鉴真一行终于战胜了狂风恶浪，到了九州——东渡终于成功了。

3. 友好交流

从天宝元年（742）鉴真接受邀请赴日算起，已过去了12个年头，其间发生了5次重大挫折，牺牲了中日僧人 36 名，其中包括祥彦和荣睿这样的忠诚弟子，还有更多的商贾百工，其中有医师、画手、玉工、船工、刺绣、成衣匠、碑刻手……代价是十分沉重的。为了中日文化交流，鉴真及其追随者们，付出了高昂的代价。

天宝十三年（754）四月，鉴真接受日本圣武天皇的委任，在奈良东大寺主持了日本佛教史上最隆重的授戒仪式。天皇本人与皇后、皇太子一起，都先后登坛受戒。随后，圣武天皇又为鉴真一行修建了唐禅院。759 年，已 71 岁的鉴真又主持修建了一座唐招提寺。这座寺院建筑，体现了唐代建筑艺术的最高成就，采用的全是新工艺，至今保存完好，是日本全国目前保存最完整、最大、最美的古建筑群之一。

鉴真在日本生活了 10 年，除了传授佛学知识外，还从事广泛的社会救济活动。他把自己的医药知识全部奉献给了日本人民。一直到 13、14 世纪，日本人仍尊奉他为日本医药始祖，印制他的画像。鉴真在榨糖、缝纫、豆腐制作、酱油制作等各个手工行业里，均有卓越的贡献，至今得到日本人民的怀念，尊称他为“过海大师”，一直在纪念他的恩德。

在中外交往史上，唐代鉴真与玄奘是两位很有代表性的人物。他们吃尽了人间疾苦，换得了人类文明的进步。中国人民善于向外界学习一切有用的东西，也毫不吝啬地向域外传播自己最新最美好的东西。史载：唐武宗会昌元年（841）至唐昭宗天复三年（903），中国的使节与商舶去日本有32次之多，有时一年中定期往返数次，如此密切的往来，为中日深厚友谊打下了坚实的基础。

延伸阅读

日本留学生阿倍仲麻吕

阿倍仲麻吕像

日本派遣使节到唐朝学习，为中日文化交流作出了巨大贡献，当时跟随使团来到中国的留学生不在少数，他们也为两国文化的交流起到了积极作用。据王晓秋著《中日文化交流史话》（商务印书馆1996年版），其中第五章《阿倍仲麻吕——埋骨盛唐的日本留学生》中的阿倍仲麻吕，就是一个很有代表性的人物。

阿倍仲麻吕（698—770），中文名朝衡、晁衡，字巨卿、仲满，生于日本大和国十字郡，自幼聪颖，勤奋好学。开元五年（717），日本派遣使团第八次出使大唐，年仅19岁的阿倍仲麻吕跟随使团以留学生的身份首次来到唐朝。

此时的唐朝在唐玄宗的治理下，已经进入到“开元盛世”的时代：国力强盛，文化繁荣，社会安定。长安上下一片繁华的景象，当时各国的留学生被朝廷统一安排在中国最高学府国子监学习，人数多达数百名，阿倍仲麻吕入唐后也不例外，唐朝政府提供留学生学习期间的所有经费，所以这些留学生在唐朝待遇十分优厚。阿倍仲麻吕在中国学习了10年之后，就加入了中国户籍，还通过科举考试，中了进士，从此在唐朝开始了他的仕途。他担任左春坊司经局校书时，负责掌校经史子集，他趁此机会，博览群书，并与唐朝的君臣建立了深厚感情。阿倍仲麻吕文采出众，德才兼备，深得唐玄宗李隆基的喜爱，先后封他为左拾遗、左补阙、秘书监等，还允许他在御前进行侍奉。他在唐朝为官40年，先后经历了玄宗、肃宗、代宗三朝君王，死后也在唐朝安葬，这在中日历史上，一直是一桩美谈。

阿倍仲麻吕非常喜爱唐诗，与当时的很多诗人来往密切，他们经常一起研究、切磋，所以他的唐诗修养很高。他的好友之一、唐代诗人储光羲曾写诗赞颂阿倍仲麻吕："万国朝天中，东隅道最长。吾生美无度，高驾仕春坊。"诗人魏万也是他的好朋友，当魏万回王屋山时，两人依依不舍，阿倍仲麻吕便送给魏万一件自己从日本带回来的裘衣，后来李白在《送王屋山人魏万还王屋诗》中提到此事："身著日本裘，昂藏出风尘。"

第九次出使唐朝的使团回国时，按照以往的惯例，他们要把上次随使团来到唐朝、学业已经完成的留学生带回本国，所以大使多治比广成带领第九次的遣唐使团回国时，准备将阿倍仲麻吕一起带回去，阿倍仲麻吕在中国待了这么多年，也十分想念自己的家乡和亲人，因为当时他是唐朝的在职官员，所以回国前向唐玄宗提出申请。他要回国的消息被传开之后，他的朋友纷纷赶来告别，很多诗人还临别赠诗表达不舍，其中诗人赵骅传世的唯一作品就是他写给阿倍仲麻吕的《送晁补阙归日本国诗》，诗中劝送他"东隅返故林"。后来由于种种原因，唐玄宗并未批准阿倍仲麻吕回国的请求，所以阿倍仲麻吕没有和其他留学生一起回国，只是写了一首诗送给他的留学生朋友："慕义空名在，偷忠孝不全。报恩无有日，归国定何年？"（《古今和歌集》）这首诗表达了他想念故乡却忠孝难全的无奈，以及对归国之期不可知的感慨。

唐玄宗天宝十一年（752），日本第十次遣唐使团抵达长安，使团以藤原清河为大使，吉备真备为副使。负责接待使团的正是当年与吉备真备一同留唐的同学阿倍仲麻吕。当年吉备真备结束出使离开中国，阿倍却留在中国学习，一待就是35年。天宝十二年（753），遣唐使团准备回国时，阿倍再次向唐玄宗请求回国，终于获准。阿倍在中国生活了几十年，结交了许多中国朋友，其中包括大诗人王维。离开中国前，友人们都来欢送他，许多诗人朋友还在告别宴会上赋诗留念。王维也不例外，他给阿倍赠诗，写就日后脍炙人口的《送秘书晁监还日本并序》。此诗有序长达600多字，不但叙述了中国文化对日本的影响，赞扬了日中两国之交谊，还称赞了阿倍的才学，并表达了对阿倍的殷切期望。王维的《送秘书晁监还日本并序》描绘了一幅遣唐使团船只渡海的壮丽画面。诗中也表达了王维同阿倍的深挚友谊和依依不舍的情感。

阿倍从19岁时离开日本来到中国，如今已经55岁，几十年的异乡生活，使他无时无刻不想念故乡。如今就要回到阔别了36年的故乡，阿倍十分激动。他在离开朋友的悲伤和即将回到祖国的激动交织的矛盾心情中写下感人的诗句：“天中恋明主，海外忆慈亲。”“西望怀恩日，东归感义辰。”

黄泗浦遗址

十一月十五日，阿倍在苏州黄泗浦港口登舟返国。离开前，许多朋友都来送别，又逢月圆之夜，皎洁的明月勾起了阿倍对故乡的思念，他深情地用日语吟诵了日本的名歌《望乡诗》："翘首望东天，神驰奈良边。三笠山顶上，想又皎月圆。"之后又用汉语朗诵，朋友们听了，都甚为感伤。

然而，阿倍随遣唐使团离港出发后不久，就遭遇了大风暴，阿倍和藤原大使所乘坐的第一艘船被狂风刮走，一直下落不明，而另外3艘船则相继回到日本。

消息传到中国后，大家都以为阿倍遇难，他的中国朋友们为他悲痛不已。幸运的是，阿倍并没有死，当时他所乘坐的第一艘船被风刮走，漂至中国南海的安南，包括阿倍与藤原在内的十余人幸存了下来。天宝十四载（755）六月，这些幸存者长途跋涉，历经千难万险回到了长安。“安史之乱”后，阿倍随玄宗入蜀，一年多后又回到长安。此后，阿倍一直留在中国，先后任左散骑常侍，旋任镇南都护、安南节度使。安南节度使一职任满后，阿倍回京，被封为北海郡开国公。唐代宗大历五年（770），阿倍在长安去世，享年73岁，尸骨葬于中国，被唐代宗追封为潞州大都督。

阿倍仲麻吕一生有50多年生活在中国，且在中国享受着高官厚爵，中国早已成了他的第二故乡。但即使这样，他仍然时刻想念故乡和亲人，常常在念及故乡时，神情凄恻。阿倍仲麻吕在中国为官几十年，为中日友好与文化交流作了许多贡献。唐文宗开成元年（836），日本仁明天皇追赠其正二位，对其卓越的历史功绩予以高度评价。

唐朝时期的外交机构与华侨群体

1. 唐朝的宗藩制度与外交机构

唐朝建立初期，国内由于长期内战刚结束而百废待兴，唐太宗不得不对北方强大的突厥称臣以换得和平发展的时间。经过多年改革和发展，唐朝很快实现了强盛和繁荣，国内强盛则“天下归心”“远夷皆服”。盛唐时中外关系出现了前所未有的良好局面。

唐朝实行了比汉朝更开放的对外政策，除进一步加强与亚洲邻国的宗藩体系外，还积极发展海外交往。唐朝不排斥外来文化，鼓励外国的宗教及技术在中国传播，也不过多地限制中国技术和文化的输出，甚至有意识地对外炫耀中国文明，炫耀其强大和自信。唐朝威名远扬，是当时世界上建立的最强大的国家。直至今天，海外各国各地区的许多华人聚居点一直被人们习惯地称为“唐人街”。

唐朝外交的对象有二：一是以游牧民族为主的少数民族政权（有一部分归附了唐朝），二是亚欧诸独立国家政权。这是用今天的标准来划分的，而在当时，对唐朝来说都是“外国”。

李渊父子初立唐朝，政府组织形式模仿隋朝。“高祖发迹太原，官名称谓，皆依隋旧。”后多有变革创新。外事方面，宣战主和大事，皇帝有最高决策权。唐初设“三省”，瓜分相权。唐代君主颇能兼听“省议”，故“三省”官僚都能参与外事决策，在讨论对待外族外邦的政策时，唐太宗比较重视大臣意见，君臣共同制定了外交总方针，即“不务求广地”以求身后之虚名，对外恩威并用，武力与怀柔相结合；对归顺之族或征服之邦，任用故官，设羁縻州府，予以形式上的自治，重点发展实力，“九州殷富，四夷自服”。唐朝外交十分活跃，“万国来朝，莫不宾服”，周边民族多归服于唐。外交上开创出这前所未有的大好局面，与唐朝决策体制的进步有很大关系。

唐朝外事执行机构分工更加明确。唐朝中央机构中的主要机关是5省、2台、9寺、5监。鸿胪寺是9寺之一，唐曾改鸿胪寺为周文寺、司宾寺，后又改回正名。唐朝以前鸿胪一职，掌管诸侯四夷事务。至唐，诸侯王仅存空名，无分藩之制，鸿胪所掌，唯蕃国外邦朝觐之礼。鸿胪卿为正三品，还有鸿胪少卿、鸿胪丞。凡与诸蕃国册立会盟吊祭，多以鸿胪充使，他官充任，亦必兼鸿胪之职。

鸿胪寺下设2署，与隋制同：即典客署、司仪署。

尚书省下属6部中有礼部，具有外事性质，而不是纯外事部门。礼部尚书掌礼仪祭享贡举之政。《新唐书·百官志》记，礼部下辖4司，其中主客司掌二王后及诸蕃朝见之事。唐主客司所掌蕃属约有70余国。《旧唐书》说：“凡四蕃之国，经朝贡之后，自相诛绝。及有罪灭者，尽三百余国。今所存者七十余蕃。”礼部主客司与鸿胪有职权分工，大致是：鸿胪使于外，主客则迎于内。鸿胪卿（三品）级品高于主客郎中或主客员外郎（五品），鸿胪寺编员225人。主客司虽不直辖于鸿胪寺，但受其制约。《旧唐书·百官志》说：“其朝贡之仪，享宴之数，高下之等，往来之命，皆载于鸿胪之职焉。”

唐朝继承了古已有之的中国文明优越感，将所有“远夷”都视为自己的藩属，对来朝者往往表现出“怀柔存抚”的宗主风度。外贸上唐政权视各方进口之物为“贡物”，并报之以比贡物多得多的“回赐”。对外国来使招待盛厚。国外使节在中国境内旅居之费，均由朝廷支付。长安郊外设长乐驿，奉酒脯慰劳各国来使，并有内使迎至四方馆下榻。唐皇在麟德殿接见外国使节，在内殿赐宴，授赏，授爵。如逢重大节日，各国之使按秩序在蓬莱宫含元殿分东西两畔参列朝贺。使节归国时，由特设的监使宣读诏敕，赠与信物，并举行拜辞、回赐、送别仪式和宴会。

唐朝设有专门机构和官员，掌握中外贸易事宜。约在贞观十七年（643），唐设“互市监”掌海外贸易，诸如验货、定价和抽税等事务。

唐朝廷铸造雌雄铜鱼各一，刻上已经建立友好关系的国名，置于彼国，作为历史见证。

唐朝廷在周边新得之地设立了与内地府州不同的统治机构，以特殊政策对待归顺于唐的周边少数民族。唐朝版图比汉朝大得多，所立的“特区”也比汉朝多。贞观四年（630），唐灭东突厥，唐太宗确定了以“羁縻州府”形式进行“安边”。同以往汉族统治者“贵中华、贱夷狄”的思想不同，唐太宗主张对各族“爱之如一”，并仿效汉代西域都护府的设置，在内附边区建立都护府，负责“抚慰诸蕃，辑宁外寇，觇候奸谲，征讨携贰”。从太宗贞观十四年（640）到武后时期，先后在四方建立了8个都护府。到玄宗开元、天宝年间，只剩下6大都护府，分别介绍如下。

（1）安东都护府，设在平壤。高宗总章元年（668），唐侵占高丽，分其地为9都督府，42州，100县。安东都护府到玄宗年间增加室韦都督府、黑水都督府和渤海都督府，统辖大同江流域、黑龙江流域、外兴安岭地区及库页岛等广大地区。对外代表朝廷应付百济、新罗、日本诸国的事变。唐朝派往日本的使节多经安东府出境，而安东府也派自己的使团出访。安东都护府是唐朝侵略高丽的产物，在某种程度上可视为一个殖民机构。

（2）单于都护府，设在云中城（在今内蒙古呼和浩特市西）。唐高宗永徽元年（650），唐军大破碛南东突厥，分其地置单于、瀚海二都护府，单于都护府统辖今外蒙南部及内蒙古中西部地区，瀚海府统辖漠北广大地区。

（3）北庭都护府，设在庭州（今新疆奇台县西北），置于武后长安二年（702），统辖天山以北突厥十姓、突骑施、葛逻禄等部。

（4）安北都护府，设在金山，原为瀚海都护府。贞观二十年（646），唐灭薛延陀，漠北铁勒诸部内附。次年，回纥等11部首领入朝，共尊唐太宗为“天可汗”，太宗乃置府统辖之，总章二年（669）改瀚海府为安北都护府。

（5）安西都护府，设在龟兹（曾迁往碎叶）。贞观十四年（640），唐灭高昌国（今新疆吐鲁番），设安西

北庭都护府遗址

府统辖今疆南、帕米尔以西中亚一带广大地区。安西府的设置，为唐朝同波斯、阿拉伯国家的外交提供了方便。

（6）安南都护府，设在宋平（今越南河内）。唐高宗调露二年（680），改交州都督府为安南都护府，统辖中南半岛北部一带羁縻府。

都护府的建立，主要目的在加强对归附或被征服民族的统治与管理，巩固边防安全。都护府在外交上有一定自主权，除“抚慰诸蕃”，迎送外交使节外，特殊情况下可单独派特别使团处理部分外交事务。都护府的设置，确立了东至库页岛，西至咸海、阿姆河流域，南至唐林州（包括古罗江），北至贝加尔湖西北的广大地区。

2. 唐代的华侨

我们知道，汉代中国已经和印度尼西亚有往来关系，之后这种关系还在继续发展。众所周知，东晋法显于义熙七年（411）从锡兰回国，中途遇台风，漂流到耶婆提国，逗留5个月然后航行到广州。至于耶婆提一地有人认为是今之爪哇，也有人认为是苏门答腊，还没有定论，姑从爪哇之说。耶婆提显然是印尼一个大商港，因为同法显搭船到广州的有200多人，而且多数是商人。

公元5世纪刘宋文帝统治时期，印尼诃罗单国治阇婆时，曾6次来华奉送方物，甚至每年一度之密，可能属于朝贡贸易的性质。阇婆州就是爪哇。

隋代又将爪哇称为“杜薄”，即阇婆。中国史书又提到干陀利（位于苏门答腊）和婆利（在苏门答腊的巴厘）均与中国有友好往来。

唐代称爪哇为“诃陵国”。诃陵国与中国进行朝贡贸易关系凡 7 次之多。

公元 7 世纪，有室利佛逝国出现，它的领域包括巨港（即现在的占碑地区），邦加和克拉峡，并控制马六甲海峡。因此成为中国和印度交通线上的重要港口，来往客商的人数显著增加。室利佛逝不仅是繁盛的商港，而且是研究佛学的中心。唐代著名僧人往往在此停留，翻译佛经。其中最著名的是义净。义净姓张，字文明，范阳（今河北省涿州市）人，唐高宗咸亨二年（671）从广州乘船前往室利佛逝，受到国王的优礼。他在室利佛逝停留 6 个月，然后到印度研究佛经 10 年，采了一些佛典返回室利佛逝，译成汉文。义净所著的《南海寄归内法传》是在室利佛逝写成而寄归中国的，他著的《大唐西域求法高僧传》，自称“从西国（印度）还，在南海室利佛逝撰，寄归”。义净在室利佛逝前后住了十二三年，可以说是印尼华侨了。还有一位高僧运期，他精通古爪哇语，居住在爪哇和室利佛逝，终老于印尼。他也是一个印尼华侨。还有不少僧侣长期住在印尼，他们在华侨史上占有显著地位。

阿拉伯人马素提在《黄金牧地》一书中指出，后晋天福二年（943），当他到苏门答腊时，看见许多中国人在岛上耕种，尤以巨港为最多，他们是在黄巢起义失败后迁居印尼的。这些起义失败而流寓国外的人，只有老死于侨居地，因此印尼华侨越来越多了。

上面提到室利佛逝这个国家，它的势力及于马来半岛。隋唐时代，马来半岛已有一些小王国，如赤土、丹丹、盘盘和狼牙修。其中以狼牙修为最著，《梁书》卷五四有传。狼牙修大约在半岛北部，或即今之吉打和六坤之处。狼牙修是一个印度化之国，于515年、523年及568年曾遣使与中国通好。

缅甸境内还有一个继掸国而起的骠国。唐代史籍说它东西3000里，南北3500里，全国有9个城镇，298个部落，还有18个属国。骠国和中国一贯进行着文化交流和经济交流。特别是“骠国乐”传入中国，造成不小影响。两国人民的交往和互相移居的行为是比较频繁的。因为两国领土相接的关系，唐代在骠国的华侨大有人在。

后　记

“一带一路”相关国家众多，代表性人物众多，为中外交好、民心相通作出杰出贡献的人士众多。因此，为“一带一路”璀璨群星立传，既使命光荣，又责任重大。在这项浩大工程的策划、组织、执行过程中，有许许多多的人士参加了有关传主的名单征集和审定，以及写作、翻译、审读、编辑、出版、筹资、联络等繁重而琐细的工作。所有参与的人员，以拳拳报国之心，尽深厚学养之力，克服了时间紧、任务重、要求高、压力大等诸多困难与挑战，最终圆满完成了任务。在本书付梓之际，丛书编委会特向参与本项目的全体同志致以崇高敬意和衷心感谢！

同时特别需要鸣谢的是，提出策划并领导实施此项目的中国传记文学学会会长王丽博士，基于长期法律实务经验和担任“一带一路服务机制”主席职务的便利，她对相关国家和走出去的“一带一路建设者”和广大青少年的需求了解真切，提出应当为他们写一套介绍各国典型人物的简明易读的传记，为他们提供健康的精神食粮。她把这项“额外”的工作当成了事业，联袂商会筹集资金、苦口婆心招揽作者、精心挑选传主名录、夙夜青灯挥笔写作、近乎偏执逐字推敲、亲力亲为呕心沥血。面对如此浩大的出版项目和繁重的出版任务，中国出版集团华文出版社不但毅然承担了出版任务，而且集团和出版社的领导与中国传记文学学会的负责同志一起协商，寻求有关部门的支持和帮助，努力将该传系打造成高质量的精品好书。在此，我们特向项目牵头人和中国出版集团公司、华文出版社的相关领导和编辑致以崇高敬意和衷心感谢！

尤其让我们感动的是，在项目执行过程中，一些富有家国情怀的民间商会和企业家的慷慨解囊，虽不足以支撑项目的全部费用，但是他们所表现出的热心和支持，让我们坚定了走下去的信心和决心。在此，我们要特别鸣谢为本书的创作出版做出捐赠支持的中国民营经济国际合作商会、亿阳集团股份有限公司、富通集团有限公司以及太平洋证券股份有限公司，并对你们的拳拳报国之心和慷慨无私帮助致以崇高敬意和衷心感谢！

一项伟大的事业，离不开许多默默无闻的奉献者。在本传系的组织、编写、出版过程中，有历史、文学、科研、外交、教育、法律、翻译、出版等领域的数百位专业人士参与，恕不能在此处一一详列。需要特别提出的是，鞠思佳、徐帮学、景峰等同志为组织联络、搜集资料到处奔波而毫无怨言，唐得阳、唐岫敏、白明亮、谭笑等同志在编写、翻译、编辑、校对过程中的细致与负责让我们感动，赵实、胡占凡、高明光、吴尚之、刘尚军、李岩、王灵桂、李永全、陈小明、许正明、宋志军等同志睿智的指点和专业的帮助让我们避免了走许多弯路。在此，我们特向以上各位同志致以崇高敬意和衷心感谢！

当然，由于我们水平所限，本丛书难免有某些不尽人意之处和瑕疵，敬请学界专家和各位读者不吝赐教，我们将在作品再版之时吸收完善。在此，我们也向各位读者提前表示崇高敬意和深深感谢！

《“一带一路”列国人物传系》编委会

2018年3月8日

唐太宗李世民画像
Portrait of Emperor Taizong

唐玄宗李隆基画像
Portrait of Emperor Xuanzong

裴矩画像
Portrait of Pei Ju

裴世清画像
Portrait of Pei Shiqing

长孙晟画像
Portrait of Zhangsun Sheng

王玄策画像
Portrait of Wang Xuance

文成公主画像
Portrait of Princess Wencheng

杜环画像
Portrait of Du Huan

玄奘画像
Portrait of Xuan Zang

鉴真画像
Portrait of Jian Zhen